D1687632

Norbert Matern

**Ostpreußen
als die Bomben fielen**

Fotografierte Zeitgeschichte
Droste

Norbert Matern

Ostpreußen
als die Bomben fielen

Königsberg
Allenstein   Braunsberg   Gumbinnen   Insterburg
Memel   Tilsit

Droste Verlag

Über den Autor:
Dr. phil. Norbert Matern, 1934 in Braunsberg/Ostpreußen geboren. Erlebte als Kind Flucht und Bombenkrieg. Studium der Geschichte, Germanistik und Pädagogik. Promotion in Bonn mit einer Arbeit zur Geschichte des Parlamentarismus. Von 1959 bis 1970 gehörte er dem Presse- und Informationsamt der Bundesregierung an, das er als stellvertretender Leiter des Rundfunk- und Fernsehreferats verließ. Von 1970 bis 1975 war er Erster Redakteur in der Chefredaktion der Deutschen Welle, anschließend vier Jahre Chef vom Dienst in der Chefredaktion Fernsehen des Bayerischen Rundfunks. Er war einer der drei verantwortlichen Redakteure für die Fernsehserie «Flucht und Vertreibung». Zusammen mit Eva Berthold schrieb er das Buch «München im Bombenkrieg». Norbert Matern ist Leiter des Schulfunks im Bayerischen Rundfunk.

Der Autor ist zu Dank verpflichtet: Dem Bundesministerium des Innern, dem «Haus des Deutschen Ostens» in Düsseldorf und München, dem Gottfried-Herder-Institut, dem Historischen Verein für Ermland e.V., der Landsmannschaft Ostpreußen e.V., dem Ostpreußenblatt, dem Ostdeutschen Kulturrat, der Ost- und Westpreußenstiftung in Bayern, Herrn Studiendirektor Ernst Federau, den Vorsitzenden der Heimatkreise der genannten Städte, den Interviewpartnern und Augenzeugen, Dietrich Matern für Übersetzungen und Rainer Matern für Schreibarbeiten.

Fotonachweis:
Ernst Federau, Hamburg 68–73. Imperial War Museum, London 1, 23. Krauskopf, Zeven 24–41. Kreisarchiv Gumbinnen im Stadtarchiv Bielefeld 88–91. Landsmannschaft Ostpreußen e.V., Hamburg 2–22, 43–67, 74–87, 92–107, 111–120, 124–133, 135. Friedrich Reitmeyer, Iserlohn 140. H. Rennekampff 138–139 und private Quellen 42, 108–110, 121–123, 134, 136–137.

Alle nicht mit Namen gezeichnete Beiträge sind vom Autor.

CIP – Kurztitelaufnahme der Deutschen Bibliothek

Matern, Norbert:
Ostpreußen als die Bomben fielen: Königsberg, Allenstein, Braunsberg, Gumbinnen, Insterburg, Memel, Tilsit / Norbert Matern. – Düsseldorf: Droste, 1986.
(Fotografierte Zeitgeschichte)
ISBN 3-7700-0674-7

© 1986 Droste Verlag GmbH, Düsseldorf
Einband- und Buchgestaltung: Helmut Schwanen
Gesamtherstellung: Rheindruck Düsseldorf GmbH
Lithos: Droste Repro
ISBN 3-7700-0674-7

Inhalt

Wider eine Legende   7

Ostpreußen im Zweiten Weltkrieg   10

Unser Haus wird luftgeschützt   13

Königsberg   16

Dorf und Gut Tharau/Kreis Preußisch Eylau   45

Allenstein   51

Braunsberg   59

Gumbinnen   72

Insterburg   82

Memel   93

Tilsit   102

Zeittafel   117

Literaturverzeichnis   118

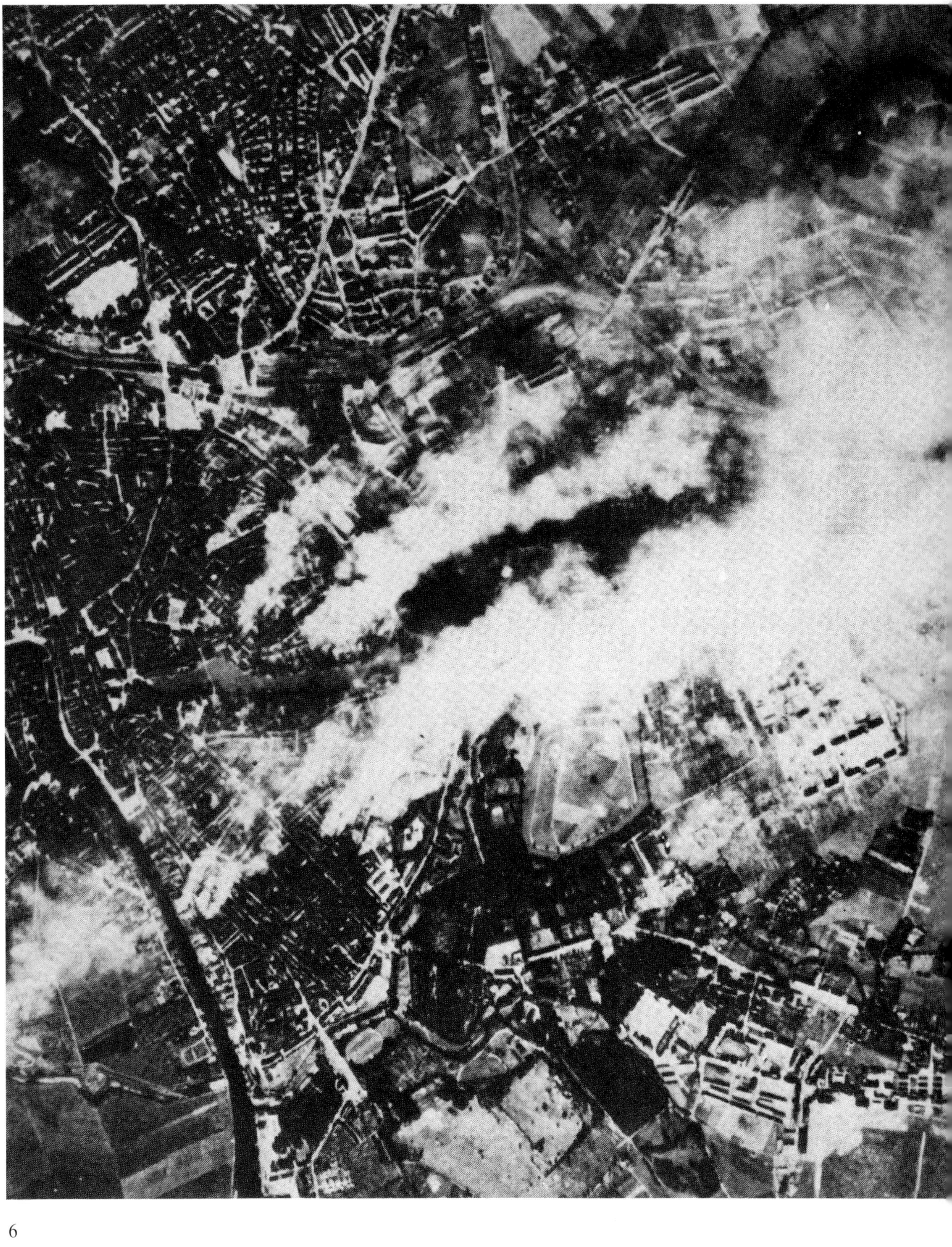

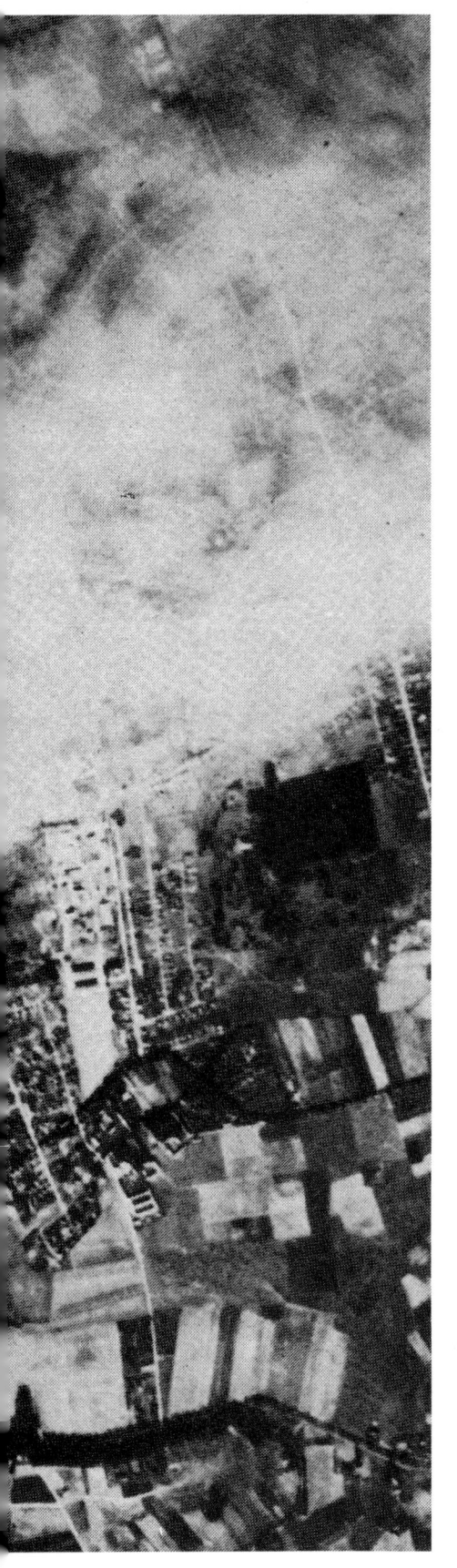

Wider eine Legende

«Die Ostpreußen haben bis zu Flucht und Vertreibung vom Krieg wenig gemerkt.» Nicht selten ist dies zu hören, wenn von den schweren Luftangriffen auf west- und mitteldeutsche Städte die Rede ist und Vergleiche mit dem Osten gezogen werden. Wurden denn nicht zahlreiche Ausgebombte nach Mecklenburg und Pommern, nach Schlesien, West- und Ostpreußen evakuiert?

In der Tat waren die ostpreußischen Städte noch weitgehend heil, als der «Arbeitsstab Wiederaufbauplanung zerstörter Städte» im Ministerium Speer am 29. Juli 1944 eine Statistik über den Umfang der Zerstörungen nach dem Stand vom 1. Mai 1944 vorlegte, in dem 42 «Wiederaufbaustädte» genannt werden. Köln hatte damals bereits 51 Prozent seines gesamten Wohnraums verloren. In Aachen, Hamburg, Kassel und Düsseldorf waren zwischen 40 und 50 Prozent aller Wohnungen dem Luftkrieg zum Opfer gefallen. Essen, Remscheid, Frankfurt hatten Verluste zwischen 30 und 40 Prozent melden müssen. Mindestens jede fünfte Wohnung hatten Emden, Mannheim, Hannover, Augsburg, Frankenthal, Rostock und Wilhelmshaven auf die Verlustliste setzen müssen. Entsprechend hoch war die Zahl der Toten und Verletzten.

Nichts anderes als eine Legende jedoch ist es, daß in Ostpreußen nur Ruhe und Frieden herrschten, während die Bewohner anderer Städte im Reich bald Nacht für Nacht von den Sirenen aus dem Schlaf gerissen und in die Luftschutzkeller gejagt wurden. Mit Ausnahme von Tilsit und Königsberg erreichte der eigentliche Bombenkrieg die ostpreußischen Städte zwar erst im Zusammenhang mit dem Vordringen der Roten Armee. Dennoch waren auch über Ostpreußen bereits seit dem ersten Kriegstage die Flugzeuge des Gegners. Es fielen zwar kaum Bomben, die Bevölkerung jedoch wurde beunruhigt. Seit 1942 mußten sich auch die Bewohner größerer ostpreußischer Städte an regelmäßigen Fliegeralarm gewöhnen. Da viele Männer an der Front waren, lasteten Luftschutz und später die Schrecken der Angriffe vor allem auf der älteren Generation, auf den Frauen und den Kindern.

Weil Flucht und Vertreibung für die Ostpreußen zum nachhaltigsten Erlebnis wurden, gerieten Alarme, das Dröhnen polnischer, sowjetischer und britischer Flugzeuge über den Dörfern und Städten, Notabwürfe aus von der deutschen Flak getroffenen Maschinen und sogar Luftangriffe selbst mehr oder weniger in Vergessenheit. Dabei hatten natürlich auch die ostpreußischen Zeitungen in der damals vom Reichspropagandaminister verordneten Zurückhaltung davon berichtet, daß die Bevölkerung von Tilsit am 54. Geburtstag Hitlers, also am 20. April 1943, «die Grausamkeiten des Krieges in aller Härte zu spüren bekamen». Bei einem nächtlichen Luftangriff hatten sowjetische Flugzeuge besonders die Gebiete um den Schloßmühlenteich schwer getroffen. Es gab 24 Tote und 30 Verletzte.

Gleichzeitig mit Kiel und Stettin wurde Ende August 1944 Ostpreußens Hauptstadt Königsberg Ziel britischer Bomber. Obwohl dabei die historische Innenstadt in Flammen aufging, das, was den weit über Deutschland hinausreichenden Ruf

1 *Luftaufnahme von Königsberg nach dem Angriff vom 26. August 1944. Das Foto stammt von einem Aufklärungsflugzeug der R.A.F.*

und den Ruhm dieser Stadt begründete, also schon vor dem Einmarsch der Sowjets verloren war, widmet ihr letzter Archivdirektor Fritz Gause dem Luftkrieg in seiner dreibändigen «Geschichte der Stadt Königsberg» nur achtzehn Zeilen. Er spricht von 4200 Toten und Vermißten. Etwa zweitausend Königsberger wurden obdachlos und verloren ihre Habe.

Vermutlich war Gause so zurückhaltend, weil er es als exakter Historiker gewohnt war, sich nur auf sichere und verläßliche Quellen zu stützen. Die aber fehlen sowohl für die beiden großen Luftangriffe auf Königsberg als auch auf andere ostpreußische Orte. Im Gegensatz zu den meisten Gebieten der heutigen Bundesrepublik – und wohl auch der DDR – läßt sich der Bombenkrieg auf Ostpreußen an Hand von Zeitungen und Akten nicht mehr genau dokumentieren. Was zum Beispiel in Königsberg an Akten und Unterlagen nach der Kapitulation am 9. April 1945 noch vorhanden war, ließen die Sowjets – wie deutsche Augenzeugen berichten – in die Bomben- und Granattrichter werfen.

Wie oft Flugzeuge der Alliierten über Ostpreußen gewesen sind, wie viele Angriffe geflogen, wie viele Menschen getötet, vermißt oder verletzt wurden, welche seelischen Belastungen entstanden und vielleicht noch bis heute nachwirken, läßt sich also nicht bis ins letzte belegen. Die in diesem Buch zu Wort kommenden Augenzeugen sahen und sehen naturgemäß in erster Linie das ihnen persönlich zugefügte Leid und ordnen es nicht in das Gesamtgeschehen des von Hitler entfesselten Krieges mit seinen über 52 Millionen Toten auf allen Seiten ein. Was zum Teil erst vierzig Jahre später niedergeschrieben wurde, ist oft ungenau und lückenhaft. Das gilt ganz besonders für den Zeitpunkt der beschriebenen Angriffe. Viele Zahlenangaben widersprechen sich. Fehler in der Zeittafel sind also nicht auszuschließen. Unterschiedlich ist auch die Gewichtung der einzelnen Berichte. Wer im Keller eines Hauses saß, das vielleicht als einziges im gesamten Ort zerbombt wurde, empfand sein persönliches Schicksal stärker als jemand, der über vielleicht heftigere Luftangriffe in einer anderen Stadt berichtet, jedoch selbst weniger betroffen war. Umfang und Ausmaß der Zerstörungen in den einzelnen ostpreußischen Orten decken sich also nicht unbedingt mit der Länge der Darstellung auf den folgenden Seiten. Klagend, aber nicht anklagend belegt dieses Buch Not und Schrecken der ostpreußischen Bombennächte, nach denen zu fragen Historiker und Archivare in den Jahren nach 1945 versäumt hatten. Weil die Flüchtlinge und Vertriebenen aus dem Osten vorwiegend über ihren Exodus Auskunft geben sollten, befindet sich unter den rund zehntausend Berichten über die Vertreibungsverbrechen im Bundesarchiv in Koblenz so gut wie nichts über den Bombenkrieg auf ostpreußische Zivilisten in ihrer Heimat. Anders ist es natürlich mit Tieffliegerangriffen während der Flucht. Das aber ist bereits oft an anderer Stelle beschrieben und nicht Gegenstand dieses Buches. Spärlich und oft zu wenig aussagekräftig sind auch die Fotos. Wie in Mittel- und Westdeutschland wurde natürlich auch in Ostpreußen von den Stadtverwaltungen dafür gesorgt, daß die durch den Bombenkrieg entstandenen Schäden fotografiert wurden. Diese Bilder jedoch gingen vielfach zusammen mit den Stadtarchiven verloren. Zivilisten konnten nur heimlich Aufnahmen von ihren zerstörten Häusern oder den gesamten Verwüstungen machen. Diese Aufnahmen sind danach. Da ins Fluchtgepäck – wenn überhaupt – eher die Fotos als die Negative kamen, stehen uns heute meist nur Reproduktionen zur Verfügung. Vorwiegend dem im Rahmen der Vertriebenenarbeit ehrenamtlichen, engagierten Einsatz ostpreußischer Kreis- und Stadtvertreter ist es zu danken, daß solche Bilddokumente heute überhaupt noch zur Verfügung stehen.

So gut wie alle am Zweiten Weltkrieg beteiligten Völker haben sie neben Gut und Blut auch unersetzliche Kulturgüter verloren. Manches ließ sich restaurieren. Danzig ist ein großartiges Beispiel. Vieles aber ist unersetzlich. Was die Ostpreußen in den Westen gerettet haben und heute in einigen Museen und Ausstellungen herzeigen können, ist nur ein matter Abglanz dessen, was das Land einst besaß. Fritz Gause beklagte bereits vor Jahren «eine bedenkliche und bedauerliche Verengung des deutschen Geschichtsbildes» als er darauf hinwies, daß in einem Buch über durch Kriegseinwirkung verlorene Werke der Malerei in Deutschland über die Kunst in Ostdeutschland nicht ein Wort verloren wurde. Je weiter wir uns von 1945 entfernen, um so schwieriger wird es, den in Jahrhunderten angesammelten kulturellen Reichtum präzise zu erfassen. So muß heute leider festgestellt werden, daß ostdeutsches Kulturgut doppelt verloren zu gehen droht. Was bei Luftangriffen, Bränden, Kämpfen, Plünderungen oder beim Abtransport in die Heimatländer der Sieger beschädigt und vernichtet wurde, gerät in Vergessenheit, weil es bis heute nicht systematisch erfaßt und registriert wurde. Nur die Erlebnisgeneration kann noch verläßliche Auskünfte über wertvolle Gemälde, ganze Galerien, Museen und Denkmäler geben, mitteilen, wo genau sie sich befanden, welchen Wert sie in etwa hatten und was mit ihnen geschah. Im Jahre 1963 wurde bisher zum letzten Mal das «Schicksal der Bau- und Kunstdenkmäler in den Ostgebieten des Deutschen Reiches und im Gebiet von Danzig» in einer Arbeit von Hermann Ullrich aufgelistet. Der

Unvollständigkeit war man sich dabei bewußt. Ullrich schreibt selbst: «Dieser Bericht berücksichtigt nur solche Objekte, über deren Schicksal nach 1945 Nachrichten vorliegen.» Es bleibt also festzustellen: Das kulturelle Erbe des deutschen Ostens, vor allem auch Ostpreußens, gerät in Vergessenheit und verschwindet damit für immer.

Nach Paragraph 96 des Bundesvertriebenengesetzes haben «Bund und Länder entsprechend ihrer durch das Grundgesetz gegebenen Zuständigkeit das Kulturgut der Vertreibungsgebiete in dem Bewußtsein der Vertriebenen und Flüchtlinge, des gesamten deutschen Volkes und des Auslandes zu erhalten, Archive, Museen und Bibliotheken zu sichern, zu ergänzen und auszuwerten sowie Einrichtungen des Kunstschaffens und der Ausbildung sicherzustellen und zu fördern». Mit dieser Aufgabe sind eine ganze Reihe von Institutionen offiziell betreut. Nicht hoch genug zu veranschlagen ist die mühevolle, ehrenamtliche Kleinarbeit der Kreisverbände ostpreußischer Heimatgemeinden, die in ihren Rundbriefen und Heimatblättern in Einzelbeiträgen festhalten, was an kulturellem Besitz verbrannte, zerschmolz, zerstört, nach Kämpfen mutwillig zerschlagen oder von den Siegern geraubt wurde. Die Sowjetunion hat inzwischen manches zurückgeführt. Nicht zuletzt die Wochenzeitschrift «Das Ostpreußenblatt» hat darüber berichtet. Alle die Details zu sichten und zusammenzutragen, übersichtlich in Wort und Bild darzustellen, ist im Sinne der Pflege ostdeutschen Kulturgutes unerläßlich.

Wer der Hölle des Bombenkrieges, der Tieffliegerangriffe und der Vertreibung entkam, war glücklich, das eigene Leben gerettet zu haben. Die in diesem Buch zu Wort kommenden Augenzeugen erinnern sich mehr an den Verlust der persönlichen Habe als an verbrannte Kulturdenkmäler. Soweit es möglich war, wird dennoch darauf hingewiesen, was seit der Zeit des Deutschen Ritterordens über siebenhundert Jahre hinweg von Künstlerhand geschaffen und geformt wurde.

Ostpreußen zählte bei Kriegsbeginn etwa knapp zweieinhalb Millionen Einwohner. Genaue Zahlen darüber, wie viele davon durch Kriegseinwirkung ihr Leben verloren haben, gibt es nicht. Nach grober Schätzung dürften bis zur Kapitulation einschließlich der Flakhelfer rund fünfhunderttausend Männer zum Dienst an der Waffe verpflichtet worden sein. Erich Hampe spricht in seinem Standardwerk über den zivilen Luftschutz davon, daß 127 000 Ostdeutsche auf der Flucht ein Opfer von Luftangriffen geworden seien. Ein großer Teil dieser Luftkriegstoten dürften Ostpreußen gewesen sein. Sie hatten ja den längsten Fluchtweg. Rechnet man die Einwohnerzahlen der in diesem Buch genannten, vom Bombenkrieg besonders betroffenen Städte zusammen, darf wohl als richtig gelten: Mindestens jeder dritte ostpreußische Zivilist hat den Bombenkrieg persönlich erlebt. Viele Ostpreußen wurden also vom Zweiten Weltkrieg doppelt betroffen: Von den Ängsten der Bombennächte bis zum Verlust des Lebens, der Gesundheit oder der Habe und dann zusätzlich durch die Vertreibung aus der angestammten Heimat. Ganz Deutschland hat unter dem Bombenkrieg gelitten. Die Ostpreußen haben darüber hinaus ihre Heimat verloren. In vielen Fällen hieß das Trennung von Familien, Verwandten, Freunden und Nachbarn. Alle wurden aus ihrem geschlossenen Kulturkreis herausgerissen.

Dieses Buch zu schreiben, war sicherlich ein Wagnis. Wer dem Jahrgang 1934 angehört, hat vieles in Ostpreußen nicht selbst gesehen und erlebt. Reisen in die unter sowjetischer Verwaltung stehenden Städte waren nicht möglich. Akten standen überhaupt nicht, Zeitungen kaum zur Verfügung. Vorarbeiten gab es nicht. Nicht wenige der angesprochenen Zeitzeugen sagten Hilfe zu, verstummten dann aber. Viele Berichte waren – vierzig Jahre danach! – fehlerhaft. Ausländische Archive wurden noch nicht ausgewertet.

Dieses Buch ist ein erster Versuch, ein bisher nicht beachtetes Kapitel ostpreußischer und damit deutscher Geschichte darzustellen. Es will niemanden anklagen, aber dazu beitragen, einen besonderen Zeitabschnitt Ostpreußens vor dem Vergessenwerden zu bewahren.

Ostpreußen im Zweiten Weltkrieg

Ostpreußen, die östlichste Provinz Deutschlands, war einschließlich des Memelgebietes knapp so groß wie die Schweiz. Auf wiederholte Bitten des nordpolnischen Herzogs Konrad von Masowien und Drängen von Papst und Kaiser kam im ersten Drittel des dreizehnten Jahrhunderts der Deutsche Ritterorden in das Land zwischen Weichsel und Memel. Nach dem Kampf gegen die heidnischen Prussen, die entgegen manchen Legenden vom Orden nicht ausgerottet wurden, gründete der Deutsche Orden seinen eigenen Staat. Im Jahre 1525 wurde aus ihm das Herzogtum Preußen, die Keimzelle des späteren Königreichs. Wiederholt durchzogen fremde Heere das Land der «dunklen Wälder und kristallnen Seen». Einwanderer kamen aus der Schweiz, der Pfalz, aus Nassau und vor allem aus dem Salzburgischen. Im Jahre 1945 waren 97 Prozent aller Ostpreußen Deutsche. Minderheiten sprachen Masurisch, Polnisch und Litauisch. Ostpreußen war ein Bauernland, nicht selten als Kornkammer des Deutschen Reiches gerühmt. Königsberg, Elbing, Tilsit, Allenstein, Insterburg und Memel waren die größten Städte.

Tiefer Ernst breitete sich über das Land, als der Rundfunk am 1. September 1939 Hitlers Reichstagsrede übertrug. Entgegen allem Hoffen: Nun herrschte Krieg und die Ostpreußen wußten, was das bedeutete. Sie waren die Nachbarn Sowjetrußlands und Polens. Gerade fünfundzwanzig Jahre war es her, seit im Ersten Weltkrieg russische Truppen bis vor Königsberg durchgedrungen waren. Durch die Schlacht von Tannenberg im August 1914 und die sich anschließende Schlacht bei den masurischen Seen wurde Ostpreußen erst im Winter 1915 wieder von fremden Heeren frei. Hunderttausende hatten sich damals auf die Flucht begeben müssen. Unter den 13 700 Ostpreußen, die von den Russen bis zur Wolga und nach Sibirien verschleppt worden waren, befanden sich etwa viertausend Frauen und mehr als 2500 Kinder. 5400 von ihnen kamen um. 40 Städte und 1900 Dörfer hatten Zerstörungen zu verzeichnen.

Die Ostpreußen wußten auch um polnische Überlegungen, Ostpreußen zu annektieren. Am 17. Juni 1939 hatte sich Goebbels in einer öffentlichen Rede in Danzig darüber lustig gemacht. Während der Reichspropagandaminister auf dem Balkon des Stadttheaters stand, skandierten unten ganze Schulklassen: «Die Juden und die Polen, die soll der Teufel holen!»

Schon Wochen vor dem Angriff auf Polen hatten die ostpreußischen Bauern Einquartierung. Viele Männer erhielten Gestellungsbefehle. Unübersehbar wurden die Truppen an der Grenze zusammengezogen. Auf den Flugplätzen wurden die Geschwader bereitgestellt. Vielleicht erlebten viele Ostpreußen Szenen wie diese: Vor dem Ausrücken der Soldaten nahm der Kommandeur ein kleines Mädchen auf den Arm. «Für diese Kinder kämpfen wir», rief er seinen Männern zu. Ahnte er, ahnten die Soldaten, daß gerade diese junge Generation vier, fünf Jahre später im Bombenhagel zittern, bei beißender Kälte über das Eis trecken, zu Tausenden erfrieren würde?

Das schnelle Ende des Polenfeldzuges, der Waffenstillstand in Frankreich weckten Erwartungen auf ein baldiges Kriegsende. Unter dem Jubel der Königsberger zogen am 24. September 1940 die Regimenter der 1. Division nach dem siegreichen Frankreichfeldzug in die Stadt ein. Bald umgehende Gerüchte über einen Krieg mit Rußland dämpften die Freude. Aber: Hatte Hitler mit Stalin nicht erst vor kurzem einen Freundschaftspakt geschlossen? Die Dorfchronik von Tharau gibt die Stimmung jener Wochen wieder: «Als sich immer mehr Angriffsdivisionen in Ostpreußen versammelten und auch unser Dorf sich mit Truppen füllte, wurden wir stutzig. Am Sonntag, den 22. Juni 1941, dem ersten warmen, sonnigen Tage dieses Monats, wurde das Unfaßbare zur vollendeten Tatsache... Eine begreifliche Aufregung bemächtigte sich aller Bewohner des Dorfes. Wertvolle Bücher und Akten der Schule, Kirche und des Standesamtes wurden vergraben.» Die überraschenden Siege der Wehrmacht ließen jedoch bald wieder Ruhe einkehren. Mit nur zwei Monaten Verspätung wurde im Oktober in Königsberg die 29. Ostmesse abgehalten, die für Ostpreußens Wirtschaft von erheblicher Bedeutung war.

Da viele Ostpreußen auf dem Lande lebten oder Verwandte dort hatten und somit von Zeit zu Zeit ihre Lebensmittelvorräte auffrischen konnten, traf die Rationierung die meisten nicht sonderlich hart. Auf Lebensmittelkarten erhielt der Normalverbraucher pro Woche: 2400 g Brot, 125 g Margarine, 100 g Marmelade, 500 g Fleisch, 250 g Zucker, 80 g Butter und 100 g Nährmittel. Im Lande des «Tilsiter Käse» gab es allerdings pro Woche davon nur ein Eckchen, nämlich genau 62,5 Gramm.

Die bald schwieriger werdende Lage an der Front schlug sich sichtbar auf den Zeitungsseiten nieder. Immer zahlreicher wurden die Anzeigen für die Gefallenen. Aus «Stolz und Trauer» wurde bald «tiefer Schmerz». Zunächst hatten es die Parteifunktionäre übernommen, in voller Uniform den Angehörigen die Todesnachrichten mündlich zu überbringen. Diese «Goldfasane» merkten jedoch bald, wie sehr ihr

Ansehen sank, je öfter sie als Unglücksboten aufzutreten hatten. Gern überließen sie den Offizieren an der Front die traurige Pflicht des Briefeschreibens.

Viele Ostpreußen wurden nachdenklich, als im Januar 1942 in großem Stile Winterbekleidung für die Soldaten der Ostfront gesammelt wurde. Nachrichten aus dem Kessel von Stalingrad taten ein übriges, um gegenüber den ständigen Propagandaparolen skeptischer zu werden. In den Städten und Dörfern begannen die Kreishandwerkmeister, von einem Glockengießer als Berater unterstützt, Listen über Glocken anzulegen, die nach ihrer Bedeutung für die Denkmalspflege in drei Gruppen eingeteilt wurden. Viele Geläute wurden abgenommen und eingeschmolzen. Andere Glocken wurden ins Reich abtransportiert, um dort verhüttet zu werden. Einige haben dort den Krieg überstanden.

Zwar wurde in den Kirchen beider Konfessionen für den Sieg der deutschen Truppen gegen den «gottlosen Atheismus» gebetet, jedoch wußten viele Pfarrer und Gläubige längst, daß sie vom Nationalsozialismus nichts Gutes zu erwarten hatten. Im September 1940 hatte ein evangelischer Ostpreußischer Gemeindetag stattgefunden, der am 12./13. Juli 1941 unter Beteiligung von 110 Pfarrern und Laien aus 26 Kirchenkreisen in Königsberg wiederholt wurde. Der letzte ostpreußische Pfarrertag auf evangelischer Seite wurde 1942 in Heydekrug durchgeführt. Mit Blick auf die immer stärker werdenden Spannungen zwischen Kirche und Staat aber auch auf den Krieg lautete das Thema der Predigt «Die Stunde der Prüfung». Eine schillernde Rolle im Kirchenkampf spielte Ostpreußens Gauleiter Erich Koch. Aus dem Elberfelder Christlichen Verein junger Männer kommend, war er in den ersten Jahren seiner Amtsführung ausgesprochen kirchenfreundlich eingestellt. Er förderte und schützte sowohl die Professoren der theologischen Fakultät, als auch einzelne Geistliche. Unter zunehmendem Druck kirchenfeindlicher Parteikreise und der Geheimen Staatspolizei schwenkte er, wie der aus Königsberg stammende Professor Walther Hubatsch feststellte, merklich um. Dennoch ließ sich mit Koch eher reden, als mit seinem Danziger Kollegen, dem Gauleiter Forster. «Gott sei Dank bei Koch», pflegten ostpreußische Pfarrer zu sagen, wenn einer ihrer Amtsbrüder verhaftet wurde oder sonst in Konflikt mit Stellen der Partei geriet.

Da 479 evangelische Pfarrer zum Kriegsdienst eingezogen worden waren – 79 von ihnen fielen – fehlten vor allem in den kleineren Gemeinden die Seelsorger. Das kirchliche Amtsblatt gab daher im September 1943 Anweisungen für das Spenden der Taufe und kirchliche Beerdigungen durch Gemeindemitglieder. Für das Gefallenengedächtnis waren schon 1942 ähnliche Handreichungen erschienen. Trotz des Kirchenkampfes strahlte der Sender Heilsberg Gottesdienstübertragungen, Andachten und Kirchenmusik aus.

Die katholische Bevölkerung Ostpreußens lebte vor allem im Ermland. Bischofssitz war Frauenburg, die Bistumsgrenzen allerdings stimmten mit den politischen Grenzen Ostpreußens überein. Von den 526 katholischen Geistlichen, die zwischen 1939 und 1945 in Ostpreußen wirkten, wurden 90 zur Wehrmacht eingezogen, 52 wurden verhaftet oder ausgewiesen. Nachweislich kamen 96 Prozent aller katholischen Priester mit der Partei in Konflikt. Es gab Vernehmungen, Hausdurchsuchungen, örtliche und zeitliche Gottesdienstbeschränkungen, persönliche Diffamierungen, Verbote von Unterricht, Prozessionen und Wallfahrten. Bischof Maximilian Kaller hatte auf Grund des Reichskonkordats vom 20. Juli 1933 versucht, eine wohlwollende Haltung zu dem «neuen Staat» einzunehmen. Er mußte sich sehr bald davon überzeugen, daß das nicht möglich war. Noch 1939 erließ er zum Ärger der Nazis ein neues Ritual, daß in gleichem Umfang deutsche und polnische Fassungen des größten Teils der lateinischen Texte enthielt. Als der Bischof im gleichen Jahr in Ludwigsort eine Kirche einweihte, überspannte die Straße ein Transparent mit dem Hinweis, Dienst für den Führer sei Gottesdienst. In Ragnit hatte ihn die nationalsozialistische Ortsgruppe schon vorher mit einem Spruchband «Heil unserem § 175» konfrontiert.

Bischof Kaller, so der ostpreußische Priester Gerhard Reifferscheid, «früh als vermeintliches Haupt einer Verschwörung gefürchtet und als entschiedener Gegner des Dritten Reiches angesehen, blieb in der Provinz Ostpreußen trotz seiner dem nationalsozialistischen Staat gegenüber zum Ausdruck gebrachten, nicht sicher zu deutenden verbalen Anerkennung der dauernd kontrollierte und bekämpfte Hauptfeind der Partei.»

Geistliche beider Konfessionen durften die Schulen schon seit 1937 nicht mehr betreten. Religionsunterricht wurde von den Lehrern erteilt. Die ostpreußische Schulverwaltung reduzierte die Zahl der Religionsstunden von vier auf eine, vielfach zugunsten der Sportstunden. An viele Schulen kamen sogenannte Junglehrer. Sie waren besonders stark nationalsozialistisch geprägt und sicher in den meisten Fällen Idealisten. Was ihnen an Fachkenntnissen fehlte, ersetzten sie durch einen kameradschaftlichen Ton im Umgang mit ihren Schülern. Sie ließen sich selbst von den Kleinsten duzen und erfreuten sich weithin großer Beliebtheit.

Das Leben der jungen Generation bestimmten Hitlers Jugendorganisationen, die Schritt für Schritt in den Krieg hineingezogen wurden.

Statt zum Tanzen – Tanzveranstaltungen waren seit 1942 verboten – ging man «zum Dienst». Seit 1943 bestand er aus Arbeiten, die eigentlich von Erwachsenen erledigt wurden. Für die an der Front stehenden Männer, die verstärkt zum Roten Kreuz herangezogenen Frauen, sprangen Jugendliche ein. Mädchen halfen in Kindergärten und Altersheimen, Jungen waren Melder beim Luftschutz, halfen in Büros und Betrieben, waren Briefträger und Boten. Jungen und Mädchen sammelten Altmetall, Heilkräuter und alles, was den Soldaten zusätzlich in die Stellungen geschickt werden konnte. Sportveranstaltungen wichen den vormilitärischen Ausbildungen. Nicht Fußball, sondern Kleinkaliberschießen wurde wichtig. Eingesetzt wurden die Jugendlichen besonders bei der Betreuung der Evakuierten, die in großer Zahl aus den vom Bombenkrieg stärker betroffenen westdeutschen Städten nach Ostpreußen kamen.

Obwohl Hitlers Hauptquartier, die Wolfsschanze, bei Rastenburg lag, bekamen ihn die Ostpreußen so gut wie nicht zu Gesicht. Das Führerhauptquartier wurde nicht direkt bombardiert, an häufige Alarme hatten sich jedoch die Bewohner der umliegenden Dörfer und Städtchen zu gewöhnen. Am 20. November 1944 zog sich Hitler von Ostpreußen nach Berlin zurück.

Bereits seit Juli 1944 waren alle Männer, deren Arbeit durch Frauen ersetzt werden konnten, zum «Schippen» an die Grenzen Ostpreußens gebracht worden. Sie mußten bei schlechter Unterbringung und Verpflegung Panzergräben ausheben und somit bei dem erfolglosen Versuch helfen, den Angriff der Roten Armee zu stoppen.

Ein letztes Mal versuchten die Nazis durch eine große Feier in der Landeshauptstadt Königsberg Siegeszuversicht zu verbreiten. Vom 7. bis 10. Juli 1944 feierte die Universität ihr vierhundertjähriges Bestehen. Reichserziehungsminister Rust gab bekannt, daß die Reichsregierung acht neue Ordinariate einrichten werde. Provinz, Stadt und Wirtschaft spendeten namhafte Summen für den weiteren Ausbau der Hochschule. Die Reichspost gab eine Sonderbriefmarke mit dem Bild des Universitätsstifters Herzog Albrecht von Brandenburg-Ansbach heraus. An den Abenden fanden Festveranstaltungen des Opern- und Schauspielhauses statt. Über hundert ostpreußische evangelische Pfarrer beteiligten sich an einem Festgottesdienst im Dom, in den wie in alten Zeiten auch die Professoren in ihren Talaren einzogen. Auch der Sport kam nachmittags in größeren Veranstaltungen zu seinem Recht. Ostpreußens großer Philosoph Immanuel Kant wurde geehrt. Die Festteilnehmer versammelten sich an seinem Grabmal am Dom. Es dauerte keine acht Wochen mehr und Universität und Dom sanken bei den Bombenangriffen in Trümmer.

Der Postverkehr in Ostpreußen lief bis Mitte Januar 1945 noch normal. Der letzte Zug nach Berlin fuhr bei 21 Grad minus am Abend des 21. Januar.

Peter Bamm hat die letzten Monate Ostpreußens erlebt und beschrieben: «In einem Herbst von unerhörter Pracht nahm Ostpreußen Abschied von seiner achthundert Jahre alten Vergangenheit. Zwischen den flammenden Farben der Wälder lagen die silbernen Schilde der masurischen Seen. Noch immer fuhren die Fischer aus den kleinen, an den Ufern zusammengedrängten Dörfern zum Fischfang hinaus. Die Herrensitze der alten Geschlechter, die einst dieses Land unter dem Zeichen des Kreuzes erobert und zur Blüte gebracht hatten, träumten unter den mächtigen Bäumen ihrer verwunschenen Parks. Schon waren – eine Folge des Krieges – die Schlösser ein wenig verfallen. Aber immer noch jagten die Pferde aus den edlen Zuchten des Landes über die weiten Koppeln. Von den Türmen der alten Städte läuteten noch immer die Glocken, den Menschen an den Himmel zu gemahnen. Aber zuweilen schon wurde die alte Harmonie ihres Klanges durchbrochen vom Heulen der Sirenen, der Stimme der Technik, die anzeigte, daß sogar der Himmel eine Gefahr geworden war.»

Unser Haus wird luftgeschützt

Bereits im Ersten Weltkrieg fielen einige wenige Bomben auf die ostpreußische Hauptstadt. Sie richteten kaum Schaden an, waren aber ein Beweis dafür, daß internationale Abmachungen im Ernstfall nichts wert waren. Seit dem Jahre 1907 bestimmte Artikel 25 der Haager Landkriegsordnung: Es ist untersagt, «unverteidigte Städte, Dörfer, Wohnstätten oder Gebäude – mit welchen Mitteln auch immer – anzugreifen oder zu beschießen». Vierundvierzig Nationen hatten im Laufe der Zeit ihre Unterschriften darunter gesetzt. Dazu gehörten die USA, England, Frankreich, Rußland und Deutschland.

Nach den traurigen Erfahrungen im Ersten Weltkrieg versuchte um die Jahreswende 1922/23 eine Juristenkommission des Völkerbundes unter Teilnahme von Vertretern aus England, Frankreich, Holland, Italien, Japan und den USA, die Frage des Luftkriegsrechts verbindlich zu klären. Der ausgearbeitete Entwurf wurde jedoch von keiner der beteiligten Regierungen angenommen. Abgelehnt wurde auch ein deutscher Antrag, der im Rahmen der vorbereitenden Abrüstungskonferenz des Völkerbundes eingebracht wurde und den «Kampfmittelabwurf aus Flugzeugen» verbieten sollte. Auf der Genfer Abrüstungskonferenz kam das Problem erneut zur Sprache. Die Delegierten wünschten das «absolute Verbot jedes Luftangriffs auf die Bevölkerung und eine Verpflichtung aller Staaten zur völligen Abschaffung des Brandmitteleinsatzes». Zu einem verbindlichen Beschluß kam es allerdings nicht. Vergeblich blieben auch ähnliche Bemühungen des Internationalen Roten Kreuzes.

Während die Diplomaten verhandelten, planten die Militärs und sorgten die Regierungen für den Aus- und Aufbau der Luftflotten. Der italienische General Douhet entwickelte eine Theorie, nach der ein künftiger Krieg allein durch den Einsatz großer Luftflotten, speziell von Bombern, entschieden würde. Während im Ersten Weltkrieg nur frontnahe Städte mit Bomben belegt worden waren, setzte Frankreich 1925 Flugzeuge gegen aufständische Eingeborene in Marokko ein. England warf 1926 Bomben auf den Irak. 1936 luden italienische Flugzeuge im Abessinienkrieg Spreng-, Brand-, ja sogar Gasbomben über Zivilisten ab. Karawanen wurden von Tiefffliegern mit Bordwaffen beschossen. Zum ersten Mal mußten kämpfende Truppen zusehen, wie Flugzeuge über sie hinwegbrausten und wehrlose, an Brunnen lagernde Menschen und Tiere aus der Luft angriffen. Die deutsche Luftwaffe beteiligte sich auf Francos Wunsch am Spanischen Bürgerkrieg. Maschinen der Legion Condor wurden bei der Bodenzielbekämpfung – wie es in der militärischen Fachsprache hieß – eingesetzt. Der Luftangriff auf die baskische Stadt Guernica wurde für die Weltöffentlichkeit zum Fanal.

In einem Aufsatz: «Warum hat Deutschland den Luftkrieg verloren?» hat der Ermländer Hans Otto Boehm nach 1945 die Vorbereitungen der deutschen, britischen und amerikanischen Luftwaffenführungen beschrieben. Die Sowjets erwähnt er nicht. Tatsächlich haben sie ja auch nur gegen Kriegsende ostpreußische Städte bombardiert. Boehm erinnert daran, daß der erste Chef des Generalstabs der deutschen Luftwaffe, Generalleutnant Walther Wever, sich für die Entwicklung von viermotorigen Bombern eingesetzt habe. Die nach seinen Vorschlägen hergestellten Muster der Ju 89 und der Do 19 wurden jedoch nach dem Tode Wevers 1937 wieder verschrottet. Als Hitler 1939 mit dem Angriff auf Polen den Zweiten Weltkrieg auslöste, befand sich die deutsche Luftwaffe erst im Aufbau. Sie war auf einen langen Krieg nicht eingerichtet. Zwischen 1942 und 1944 wurden in Deutschland 1 146 viermotorige Bomber vom Typ He 177 und 263 FW 200 produziert. Im gleichen Zeitraum bauten die USA 35 743 viermotorige Bomber. Auf deutscher Seite kamen im Großeinsatz – so Boehm – nur drei zweimotorige Bombertypen zur Verwendung: Heinkel 111, Dornier 217 und Junkers 88, außerdem als Sturzkampfflugzeug die Junkers 87.

In Großbritannien wurde bereits am 1. April 1918 die Luftwaffe unter der heutigen Bezeichnung Royal Air Force in einen selbständigen Wehrmachtsteil umgewandelt. Seit 1925 waren unverrückbare Ziele: Strategische Bomberverbände für den Angriff, starke Jagdfliegerverbände für den Heimatschutz. 1933 erhielt die britische Industrie den Auftrag, einen Jagdeinsitzer mit acht Maschinengewehren zu entwickeln. Ergebnis: Hurricane und Spitfire. Ein Jahr später orderte die britische Regierung den Bau schwerer Bomber mit großer Reichweite, produziert wurden Whitley und Wellington. 1936 wurden viermotorige Bomber gefordert. Es entstanden: Stirling, Halifax und Lancaster. Ohne Regierungsauftrag, sondern auf eigenes Risiko begann der Hawker-Siddely-Konzern 1937 mit dem Bau von schließlich tausend Hurricanes. In den USA setzte 1935 die Entwicklung des Urtyps der Boeing B-17 «Fortress» ein. 1940 verlangte Präsident Roosevelt den Bau von 50 000 Kriegsflugzeugen, im Spätsommer 1941 waren 12 000 amerikanische Flugzeugführer in der Ausbildung.

Wie Erich Hampe in seinem Standardwerk «Der zivile Luftschutz im

Zweiten Weltkrieg» feststellt, war bereits in der Weimarer Republik der Luftschutz in Ostpreußen weiter fortgeschritten als im übrigen Deutschland. Das zeigte die erste größere Luftschutzübung im Raum Königsberg vom 1. bis 3. Oktober 1930. Personalerfassung und Ausbildung lagen in der Hand der Wehrkreiskommandos, die sich ihrerseits der Polizei und der Gendarmerie bedienten. Die Arbeit im Luftschutz war ehrenamtlich. Lediglich bei dieser Übung wurden Tagegelder gezahlt. Freie Unterbringung wurde gewährt.

Mit dem Oberbrandingenieur Hans Rumpf hatte Königsberg seit 1919 einen erstklassigen Luftschutzfachmann. In seinem Buch «Brandbomben» machte Rumpf bereits 1931 eine breitere Öffentlichkeit auf die entsetzlichen Auswirkungen des Bombenkrieges auf die Zivilbevölkerung aufmerksam. Noch bevor im März 1932 der «Deutsche Luftschutzverband e.V.» gegründet wurde, hatte sich die Königsberger Berufsfeuerwehr mit Brandschutzmaßnahmen im Rahmen eines zivilen Luftschutzes beschäftigt. Nach Hitlers Machtübernahme entstand im April 1933 der «Reichsluftschutzverband e.V.», der dem Reichsluftfahrtministerium in Berlin unterstellt war. In Königsberg wurde bei der Branddirektion eine Luftschutzabteilung (Lu-Abt.) gebildet.

Die Feuerwache 4 (Süd) Artilleriestraße 73/77 war im Erdgeschoß einer ehemaligen Kaserne stationiert. Auf dem angrenzenden Kasernenhof wurde 1934/35 eine Gerätehalle (Lu-Halle-Süd) für den zivilen Luftschutz gebaut. In ihr wurden alle für die Brandbekämpfung erforderlichen Löschfahrzeuge, Sonderfahrzeuge, Schlauchmaterial und sonstige Geräte bereitgestellt. Alle Fahrzeuge waren in luftwaffengrauer Farbe gespritzt. Die feuerwehreigenen Fahrzeuge waren polizeigrün. Die Pflege und Wartung der Luftschutzfahrzeuge war Sache der Berufsfeuerwehr. Rumpfs vorbildliche Arbeit in Königsberg fand 1935 ihre Anerkennung in seiner Berufung als Branddirektor nach Leipzig. Bei Kriegsausbruch wurde der ehemalige Königsberger Oberbrandingenieur Kommandeur des Feuerluftschutzpolizei-Regiments Sachsen. Als Generalmajor der Feuerschutzpolizei war er später Inspekteur für das gesamte Feuerlöschwesen im Reichsgebiet. «Der hochrote Hahn» hieß sein vielgelesenes Buch, in dem er seine bereits 1931 ausgesprochenen Warnungen verstärkte.

Der Reichsluftschutzverband erließ eine Fülle von Verordnungen und Bestimmungen. Am 26. Juni 1935 wurde ein Reichsluftschutzgesetz erlassen. Reichsluftfahrtminister Hermann Göring, der auch für den gesamten Bereich des Luftschutzes verantwortlich war, gab sich trotz aller Anstrengungen realistisch, als er in einer Rede am 14. November 1935 ausführte: «Wenn wir eine Luftflotte noch so groß aufbauen würden, wenn wir an allen Ecken und Enden Zehntausende von Kanonen und Maschinengewehren aufstellen würden, so würde das niemals ausreichen, um dem deutschen Volk einen wirklichen Schutz zu gewähren, um die Volksgenossen vor den Folgen eines Luftkriegs zu bewahren.» Einige Jahre später allerdings wollte der gleiche Göring «Meier» heißen, wenn auch nur ein einziges feindliches Flugzeug über Deutschland erscheinen sollte.

Wie überall in Deutschland, so hingen auch in Ostpreußen seit Beginn der dreißiger Jahre Plakate, die auf richtiges Verhalten beim Luftschutz hinwiesen. Auf einprägsamen Bildern war zu sehen, was im Ernstfall falsch, was sachgemäß war. Die regelmäßig erscheinende Zeitschrift «Die Sirene» gab zusätzliche Informationen. In Zeitungen und Illustrierten wurde auf den Luftschutz aufmerksam gemacht. Der Gedanke an eine Fliegergefahr aus der Luft wurde den Ostpreußen nahegebracht, wirklich ernst genommen haben ihn vermutlich ganz wenige. Zu den Gewinnern eines Schülerwettbewerbs zum Thema «Unser Haus wird luftgeschützt» gehörte 1937 der Königsberger Untertertianer Heinz Radke.

Zuständig für die Ausbildung der Freiwilligen Feuerwehrmänner, die später auch den Luftschutz übernehmen mußten, war die am 28. Februar 1937 eröffnete Feuerwehrschule Metgethen bei Königsberg. Aus allen Stadt- und Landkreisen sollten dort möglichst viele Wehrführer, Halbzugführer und Maschinisten in Lehrgängen einheitlich unterrichtet werden. Direktor der neuen Schule wurde der ehemalige Tilsiter Bauingenieur Alfred Fiedler, der sich mit Zustimmung von Gauleiter Koch den Titel «Inspekteur der Freiwilligen Feuerwehr für die Provinz Ostpreußen» zulegte. Er sprach eigenmächtig Beförderungen aus, die später nicht anerkannt wurden. In einem Aufsatz «Feuerwehrschule im neuen Staat» schrieb Fiedler 1937: «Es hat noch nie ein Staatswesen gegeben, in dem sich die Feuerwehr mehr entwickeln konnte als im Staat Adolf Hitlers... Im Kriegsfall wird die Feuerwehr des Dritten Reiches auf dem Posten sein und die Brandbomben werden ihre Schrecken verlieren.»

Auf die künftige Verwendung der Feuerwehr in einem Kriege zielte unausgesprochen auch das am 23. November 1938 erlassene «Reichsgesetz über das Feuerlöschwesen». Es enthielt nämlich unter anderem die Bestimmung, daß die Feuerwehr künftig auch zur «Abwehr besonderer Gefahren» eingesetzt werde. SS- und Polizeiführer Daluege kommentierte das in einer Pressekonferenz unmißverständlich «für den Fall eines Krieges». In die gleiche Richtung zielte eine Anordnung des Reichsministers des Innern, überall im Land im

Abstand von etwa fünfzehn Kilometern Kraftspritzen bereit zu halten.

Neben die regulären Feuerwehreinheiten traten im Laufe der Zeit Jugend- und Frauenfeuerwehrgruppen. So wurde die Frauenfeuerwehr aus Braunsberg auch nach Bombenangriffen auf Königsberg eingesetzt. Über die Gründung einer der ersten Frauenfeuerwehrgruppen heißt es in einer 1975 zum hundertjährigen Bestehen des Ostpreußischen Provinzialfeuerwehrverbandes herausgegebenen Broschüre: «Im Jahre 1942 war die Freiwillige Feuerwehr im ermländischen Layss auf acht bis zehn schon ältere Männer zusammengeschmolzen. Man unternahm daher das für Kriegszeiten nicht ganz ungewöhnliche Experiment, eine der ersten weiblichen Feuerwehrgruppen Ostpreußens zur Unterstützung der örtlichen Wehr zu gründen. Kreis- und Oberwehrführer konnten sich dabei auf die dörfliche Gemeinschaft von etwa 18 sechzehn- bis zwanzigjährigen Mädchen stützen.»

«Jeder ist luftschutzpflichtig», hieß von nun an die Parole, die in Presse und Rundfunk, Vorträgen und Übungen Tag für Tag an die Zivilbevölkerung herangetragen wurde. Eine perfekte Organisation erfaßte alle. Der Hauswart hatte für die sachgerechte Einrichtung von Luftschutzkellern, für das Bereitstellen von Sand und Wasser zu sorgen. Sogenannte «Feuerpatschen» waren zu kaufen oder wurden selbst hergestellt. Für zwölf bis zwanzig Häuser war ein Blockwart verantwortlich. Wer verreiste, hatte sich abzumelden und den Wohnungsschlüssel abzugeben, damit im Notfall alles erreichbar war. Besucher die über Nacht blieben, mußten gemeldet werden. Der Hauswart mußte wissen, wieviel Personen er im Luftschutzkeller zu erwarten hatte und nach wem gegebenenfalls bei der Zerstörung des Hauses zu suchen war. In den Kellern mußten Durchbrüche zum Nachbarn geschaffen werden, die dann nur mit losen Steinen wieder «verschlossen» wurden. Das waren die Notausgänge bei Gefahr. Große weiße Pfeile wiesen an den Häuserfassaden auf Fenster oder Ausstiege von Luftschutzkellern hin. Sandsäcke sollten vor Splittern schützen. Schon vor Kriegsausbruch wurde das Verdunkeln geübt. Autos, ja sogar Fahrräder erhielten einen Blendschutz. Schwarze Kappen wurden über die Scheinwerfer gestülpt. Nur ein schmaler Schlitz ließ Licht durch. Zu nennenswerten Unfällen kam es nicht. Die Ostpreußen zeigten sich diszipliniert.

Obwohl im Sommer 1942 die Front noch weit entfernt war, gelang es sowjetischen Langstreckenbombern nicht selten, in den Nächten vom Samstag auf Sonntag Königsberg zu erreichen. Größere Bombenabwürfe gab es nicht. Die Bevölkerung wurde beunruhigt und ab 1943 rief Gauleiter Erich Koch zur Evakuierung von Frauen und Kindern auf. Zum Verlassen der Stadt wurde sogar von Wagen aus mit Lautsprechern aufgefordert. Im Sommer 1943 wurde im Stadtzentrum mit dem Bau von Splittergräben begonnen, auch SA-Männer waren daran beteiligt.

Mit Führerbefehl vom 20. September 1942 hatte Hitler 120 000 Soldaten von der Luftwaffe abgezogen und an die Ostfront geschickt. Die entstandenen Lücken füllte man durch Flakhelfer, sechzehn- und siebzehnjährige Mittel- und Oberschüler. Erziehungsminister Rust hatte angeblich dagegen protestiert. Er fürchtete «um den geistigen Nachwuchs des Reiches», denn wer Tag und Nacht an den Geschützen verbringen mußte, brachte für den zunächst noch erteilten Schulunterricht nur noch wenig Kraft und Energie auf. Im Januar 1944 rückten dann sogar die Fünfzehnjährigen nach. Wie viele dieser Kinder im Kriege starben, ist bis heute nicht genau bekannt.

Die Rundfunkspielschar des Reichssenders Königsberg wurde zunächst nach Prag, dann nach Niederbayern evakuiert. Königsberg erlebte bis zum 8. April 1945, an dem die Sowjets in die Stadt eindrangen, insgesamt 11 Bombenangriffe und 69 Alarme.

Königsberg

Königsberg in Preußen, die ehem. Hauptstadt der Prov. Ostpreußen zu beiden Seiten des Pregel, 7 km oberhalb seiner Mündung in das Frische Haff, 5–15 m ü. M., mit (1939) 372 200 meist evang. Einw. Königsberg war geistiger Mittelpunkt des deutschen Ostens, bes. durch die Albertus-Universität und die Staats- und Universitätsbibliothek (600 000 Bde.). Ferner hatte Königsberg eine Handelshochschule, Kunstakademie mit Meisterklassen, das ostpreuß. und Königsberger Konservatorium, ein musikpädagog. Seminar, Stadtbibliothek, die Wallenrodtsche Bibliothek, das Prussia-Museum mit einer vor- und frühgeschichtl. Abt., Kunstsammlungen der Stadt im Schloß und ein stadtgeschichtl. Museum. In Königsberg hatten ihren Sitz die Königsberger Gelehrte Gesellschaft, der Verein für die Geschichte von Ost- und Westpreußen, die Histor. Kommission für ost- und westpreuß. Landesforschung.

Unter den zahlreichen höheren, Fach- und Berufsschulen genossen besonderen Ruf das Friedrichs-Kollegium und Wilhelms-Gymnasium, die staatl. Kunst- und Gewerbeschule, die Staatl. Baugewerkschule, das Sozialpädagog. Seminar und die Ostpreuß. Mädchengewerbeschule. Der Kunstpflege dienten Oper, Schauspielhaus und das Philharmon. Orchester.

Königsberg, von alters her ein wichtiger Handelsplatz, erhielt sein besonderes Gepräge zwischen beiden Weltkriegen als Verwaltungs- und Wirtschaftsmittelpunkt der von dem übrigen Reichsgebiet durch den Poln. Korridor getrennten Provinz. Als Umschlagplatz versah Königsberg den Güteraustausch mit den Reichsteilen jenseits des Korridors und den Handel mit Osteuropa, für den die Ostmesse bes. Bedeutung hatte. Durch den Bau des Königsberger Seekanals (42 km lang, 47,5 m breit, 8 m tief) wurde der Weg von der Pregelmündung über das Frische Haff zum Pillauer Tief verbessert. Der Umschlag des Seeverkehrs belief sich (1938) auf 3,9 Mill. t; 3400 Kähne der Binnenschiffahrt, die von Pregel, Deime und großem Friedrichsgraben die Verbindung zur Memel und zum Kur. Haff einerseits, andererseits von Pregel und Alle mit dem Masur. Kanal herstellte, bewältigten 950 000 t. Der Hafen mit modernen Löschanlagen, Silos und 5 Hafenbecken mit einer Fläche von 250 ha, wurde zu einem der größten und leistungsfähigsten Ostseehäfen ausgebaut. Eisbrecher hielten im Winter Kanal und Hafen offen. Verladen wurden vor allem landwirtschaftl. Erzeugnisse, bes. Hülsenfrüchte. Die Einfuhr versorgte die ganze Prov. mit Düngemitteln, Brenn- und Treibstoffen, industriellen Fertigwaren, Kolonialwaren und Holz.

Die Industrie umfaßte bes. landwirtschaftl. Verarbeitungsindustrie, Sägewerke, Zellulosefabriken, Landmaschinen- und Waggonbau, Werften, Ziegeleien und Textilindustrie. In der Königsberger Bernsteinmanufaktur wurden die besten Stücke aus dem Bernsteintagebau Palmnikken verarbeitet. Bekannt war das Marzipan. Durch Königsberg floß auch der Fremdenverkehr nach den aufstrebenden Ostseebädern der samländ. Steilküste, auf der Frischen Nehrung und auf der Kurischen Nehrung. Königsberg wurde vielleicht zu Ehren König Ottokars von Böhmen, der auf einer Kreuzfahrt in diese Gegend gekommen war, benannt. Es war ein Bollwerk, das der Deutsche Orden 1255 an der Stelle einer eroberten preuß. Fliehburg errichtet hatte. Als Nachfolgerin einer 1263 zerstörten Siedlung wurde 1264 zwischen Burgberg und Pregel die Altstadt angelegt, die 1292 ihre Handfeste nach Culm. Recht erhielt. Zwischen 1278 und 1292 wurde das Schloß erbaut. Eine zweite, hauptsächlich von Handwerkern bewohnte Siedlung, entstand südl. des Pregel. Sie erhielt 1300 Stadtrechte. Auf dem W-Teil der Pregelinsel wurde 1327 eine dritte Stadt gegr., der Kneiphof. Erst 1724 wurden die 3 Städte, Altstadt, Löbenicht und Kneiphof, vereinigt.

Seit 1312 Sitz eines Ordenskonvents und des obersten Marschalls, war Königsberg nach der Marienburg der wichtigste Waffenplatz des Ordensstaates. Als 1457 die Marienburg verlorenging, war Königsberg der Sitz der letzten 8

Hochmeister. Aus der Ordenszeit stammen die bedeutsamsten Baudenkmäler der Stadt, als ältester Kirchenbau die Dorfkirche von Juditten, ein got. Granitbau (Anfang 14. Jahrh.) mit wertvollen Fresken, und der Dom St. Maria und St. Adalbert auf dem Kneiphof. 1325 als Festungskirche begonnen, wurde der Bau 1333 weitergeführt, war aber 1378 noch nicht fertig. Nur ein Turm der W-Fassade wurde 1552 vollendet. Der als Basilika angelegte Innenraum nahm die Gestalt einer gewölbten Halle an. Das Schloß bewahrte aus der Ordenszeit außer den Grundmauern nur Bauteile des W-Flügels und den achteckigen Heberturm an der NO-Ecke. Seit 1525 war Königsberg die Residenz der Herzöge von Preußen, die das Schloß durch Um- und Zubauten (Portal und W-Flügel) erweiterten. Aus der herzogl. Zeit stammt die Mehrzahl der Kirchen, die geschichtl. denkwürdige, 1592 vollendete Schloßkirche, die Burgkirche (1690), die Neuroßgärter Kirche (1644), die Altroßgärter Kirche (1651–1683), die Sackheimerkirche (1769), dann das 1695–1697 erneuerte Kneiphöfsche Rathaus, einige Wohnhäuser und Speicher im Hafenviertel. Als Handelsstadt stand Königsberg im Schatten Danzigs und selbst Elbings. Die 1544 eröffnete Albertus-Universität (seit etwa 1830 «Albertina»), war eine protestant. Gründung des Herzogs Albrecht von Preußen, dem sie «die Hälfte der Zeit seiner Regentschaft kostete». Während des Dreißigjähr. Krieges fand die akadem. Welt Dtls. dort Zuflucht. Unter den ostpreuß. Gelehrten ragt Kant hervor. Durch den Zweiten Weltkrieg ging sie dem Deutschtum verloren. Königsberg war auch eine Pflegestätte der Literatur (Königsberger Dichterkreis). In Königsberg krönte sich 1701 Friedrich I. zum «König in Preußen». Trotz der Förderung

2 Hundegatt mit Schloß

durch die preuß. Regierung sank Königsberg, das im 7jährigen Krieg und in den Befreiungskriegen schwer zu leiden hatte und dessen Entwicklung die Einengung durch Festungsmauern 1825–1910 hemmte, im 19. Jahrh. zu einer Prov.-Stadt herab, obwohl die mittelalterl. Städtefreiheit im 17. und 18. Jahrh. beträchtlich erweitert worden war. Angegliedert wurden die Stadtteile Sackheim, Roßgarten, Tragheim und Steindamm nördl. des Pregel. In der königl. Zeit wurde das Schloß neuerlich umgebaut, bes. die S-Hälfte des O-Flügels und Teile des Innenhofes.

Seit Ende des 19. Jahrh. griff die Stadt mit den Wohnvierteln Mittel- und Vorderhufen, Amalienau, Ratshof, Juditten und Metgethen nach W, mit Maraunenhof nach N aus, Neubauten zwischen den zwei Weltkriegen, 2 Bahnhöfe, Stadtarchiv, Rundfunkhaus, Messe-, Schul-, Industrie- und Hafenbauten, durchdrangen das alte Stadtbild. Um Schloß- und Oberteich, an den alten Zwillingsteichen und am alten Festungsgürtel entstanden Grünanlagen. 2 schwere Luftangriffe 1944 und sowjet. Artilleriefeuer bei der Belagerung 1945 vernichteten die Innenstadt mit Dom und Schloß. Erhalten blieben nur die Wohnbauten der Vororte Hufen, Amalienau, Ratshof Maraunenhof und Juditten. Viele der restlichen Bewohner wurden in den Straßenkämpfen getötet oder starben nach der Kapitulation an Hunger und Seuchen. Seit 1945 steht Königsberg unter sowjetischer Verwaltung (Kaliningrad, Hauptstadt des gleichnamigen Oblast der UdSSR).

Aus: Der Große Brockhaus, 16. Aufl., 1952–1957

3 *Universität*

5 *Regierungsgebäude*

4 *Junkerstraße mit Altstädtischer Kirche*

6 *Schloßteichbrücke mit Miramar-Kino*

7 *Am Altstädtischen Markt*

9 *Schloßteich*

8 *Bismarck-Denkmal, Kaiser-Wilhelm-Platz*

10 *Am Schloßteich*

11 *Roßgärter Markt*

13 *Schloßhof, Blick zum Ostportal*

12 *Grüne Brücke mit Kneiphöfscher Langgasse*

14 *Stadthalle, erbaut 1912*

15 *Lastadie*

18 *Holzbrücke mit Fischmarkt*

16 *Eisenbahndrehbrücke*

19 *Paradeplatz mit Wehrkreis-Offizierskasino*

17 *Paradeplatz mit Altstädtischer Kirche*

20 *Schloßhof, Eingang zum Blutgericht*

The Manchester Guardian, Montag, 28. August 1944

1000-Meilen-Flug von Lancaster-Bombern nach Königsberg
Vernichtender Angriff mit neuartigen Brandbomben

Lancaster-Bomber der Royal Air Force (R.A.F.) machten Samstagnacht einen Rundflug von 2000 Meilen, um ihren ersten Angriff auf Königsberg, die Hauptstadt Ostpreußens und zur Zeit wichtigster Versorgungshafen der Deutschen, die 100 Meilen östlich gegen die Rote Armee kämpfen, auszuüben. Die Bomber waren 10 Stunden lang in der Luft. Ihre Ladung schloß eine Anzahl der neuen flammenwerfenden Brandbomben ein. Ihr Angriff war auf 9½ Minuten begrenzt. Nach dieser Zeit zeigte sich dort das, was einer der Piloten als das größte Feuer, das er je gesehen habe, beschrieben hat – Feuersbrünste, die 250 Meilen weit zu sehen waren.

Der Hafen wurde von vielen Luftabwehrbatterien verteidigt, aber nachdem der Angriff halb vorüber war, wurden diese Abwehrmaßnahmen unregelmäßig und wirkungslos. Nur fünf der Bomber kehrten nicht zurück.

Eine andere, größere Einheit von Lancastern beschoß den Marinestützpunkt von Kiel mit einer Bombenladung von 1700 Tonnen. Mosquitoes flogen Angriffe auf Berlin und Hamburg. Nach Beendigung dieser Aufgaben, sowie ausgedehntem Minenlegen, wurden insgesamt 29 Bomber als vermißt gemeldet.

Explosionen in Kiel

Es war eine bemerkenswerte Leistung (so der Nachrichtendienst des Luftwaffenministeriums) eine große Ladung Bomben so nah an die russische Front zu bringen, ohne auftanken zu müssen. Die Lancaster griffen weit unter ihrer gewöhnlichen Wirkungshöhe an. Der Angriff ging so schnell vonstatten, daß der Widerstand schnell gebrochen war. Das Wetter war klar, und alle Besatzungmitglieder waren sich darin einig, daß es eine sehr massive Bombardierung war.

Königsberg, eine große Hafen- und Industriestadt von 370 000 Einwohnern, ist bisher im Vergleich zu anderen Städten von Luftangriffen relativ verschont geblieben. Mit seinen hervorragenden Zugverbindungen und großen Dockanlagen könnte kein anderer Ort für die Deutschen in der gegenwärtigen Lage der Vorgänge in Osteuropa von größerer Bedeutung sein als Königsberg. Auch in ruhigen Zeiten ist Königsberg für den Feind fast genauso wichtig wie es Bristol für uns ist. Die Docks sind mit der Ostsee durch einen 20 Meilen langen Kanal verbunden, der kürzlich durch die R.A.F. vermint wurde. Außerdem bestehen gute Zugverbindungen nach Berlin, Polen und nach Nordosten an die russische Front.

Bei Kiel warfen die britischen Luftmannschaften auf stark konzentrierte Ziele Bomben ab. Rauch von großen Feuern mit zum Teil heftigen Explosionen stieg bis zu einer Höhe von 15 000 Fuß auf.

Der Feind versuchte sich mit Jagdfliegern und zahlreichen Suchscheinwerfern mit sehr heftigem Flakbeschuß zu verteidigen.

Tag- und Nachtbombardierung

Die Ereignisse von Samstagnacht folgten auf andere Angriffe von mehr als 2500 schweren Bombern der Royal Air Force und der 8. Luftwaffenstaffel der Vereinigten Staaten auf andere Ziele in Deutschland und Nordfrankreich. Mehr als 1400 R.A.F.-Flugzeuge kämpften Freitagnacht über Deutschland, gegen Standorte mit weitreichenden Waffensystemen in Nordfrankreich und die an der Küste liegenden Verteidigungsanlagen von Brest zwischen 20.00 Uhr am Freitag bis zum Morgengrauen am Samstag.

Die Opelwerke bei Rüsselsheim im Südwesten Deutschlands zwischen Mainz und Frankfurt waren das Hauptziel einer großen Einheit, die nach Deutschland geschickt wurde. Diese Werksanlage, die LKWs und Bauteile für «Ju 88» herstellt, ist eine der größten Kriegsfabriken Deutschlands. Große Feuersbrünste wurden verursacht.

Fast zur selben Zeit griffen Lancaster den wichtigen Schienenknotenpunkt Darmstadt an, wo es große Chemiefabriken gibt. Mosquitoeseinheiten bombardierten Berlin mit «Luftminen» und verursachten große Brände.

Am Samstag, am hellichten Tag, flogen zwischen 300 und 750 «Fortress-» und «Liberator-Flieger» der amerikanischen Luftwaffenflotte am dritten Tag in Folge Angriffe auf Ölraffinerien und andere Ziele in Deutschland.

Die Hauptziele lagen im Ruhrgebiet, Nordwestdeutschland und Südwestdeutschland, und schlossen unter anderem Scholven, Buer und Nordstern, die ölverarbeitenden Fabriken in Gelsenkirchen, Ludwigshafen und Salzbergen, westlich von Osnabrück gelegen, und die Ölraffinerie in Emmerich, nahe der holländischen Grenze, ein. Zehn Bomber und sechs Jagdflugzeuge werden bisher vermißt.

In der öffentlichen Mitteilung des Luftwaffenministeriums über die Luftangriffe von Samstagnacht heißt es: «Samstagnacht flog eine Bombereinheit der R.A.F. einen größeren Angriff auf die ostpreußische Hafenstadt und den militärischen Versorgungsstützpunkt Königsberg, das etwa 100 Meilen von der russischen Front entfernt liegt. Ein sehr heftiger Angriff wurde bei guter Sicht durchgeführt und große Brände wurden beobachtet. Eine weitere und größere Einheit warf 1700 Tonnen hochexplosiver und brandlegender Bomben auf Kiel ab, wo der Rauch von riesigen Feuern auf eine Höhe von 15 000 Fuß aufstieg. Mosquitoesschwadronen griffen Berlin und Hamburg an. Auch umfassendes Minenlegen wurde durchgeführt. 29 unserer Bomber werden vermißt.

Am Samstagmorgen und -nachmittag griffen Flugzeuge der Küsteneinheit der R.A.F., von denen jetzt vier vermißt werden, auf offensiven Patrouilleflügen an der französischen Küste eine Anzahl feindlicher Schiffe an und beschädigten sie dermaßen, daß sie in ihre Häfen zurückkehren mußten.»

Der deutsche Bericht

In der offiziellen deutschen Verlautbarung von gestern heißt es: «Die britische Luftwaffe führte letzte Nacht Terrorangriffe gegen Kiel und Königsberg aus, wobei sie schwedisches Territorium verletzte. Schaden wurde in erster Linie in bevölkerungsreichen Gebieten, an kulturellen Baudenkmälern und sozialen Einrichtungen verursacht. Zusätzlich wurden Bomben über Berlin und Hamburg abgeworfen. Sowjetische Bomber griffen Tilsit an. Im Verband fliegende Jagdflugzeuge und die Luftabwehrartillerie haben 671 feindliche Flugzeuge, einschließlich 56 Bomber, über dem Reichsgebiet und den besetzten westlichen Regionen abgeschossen. Neun weitere Flugzeuge wurden über Südosteuropa zu Fall gebracht.»

21 *Hundegatt mit Lastadie*

22 *Wrangelturm*

Angriffsraum durch Leuchtkerzen abgesteckt

Der Königsberger Schriftsteller Wilhelm Matull, der sich bei den Rettungsarbeiten betätigte, hat in seinem Tagebuch die unmittelbar empfundenen Eindrücke jener entsetzlichen Stunden skizziert.

Groß-Kuhren, 27. August 1944
2.00 Uhr: Vom Motorengebrumm starker Bomberverbände aus dem Schlaf gerissen, laufen wir zur Chaussee Warnicken–Dirschkeim und werden unter einem funkelnden Sternenhimmel Augenzeuge eines Angriffs in Richtung Königsberg. Leuchtraketen steigen wie beim Feuerwerk auf, die berüchtigten «Tannenbäume» werden gesetzt, Lichterfluten schießen nach Explosionen auf, und als Zuschauer erlebt man mit stockendem Herzschlag, wie greifbar nahe und doch ohnmächtig fern sich über Angehörigen und Verwandten, Freunden und Bekannten ein furchtbares Schicksal entlädt. Wen mag es verschont, wen getroffen haben?

Königsberg, 28. August 1944
9.00 Uhr: Der erste Rundgang durch die Stadt zeigt in vielen Stadtteilen schwere Schäden: vor allem der Tragheim, die Cranzer Allee und Maraunenhof sind arg betroffen. Doch auch der Sackheim, der Roßgarten und Kalthof sind in Mitleidenschaft gezogen.
Beim eiligen Gang zur elterlichen Wohnung in der Radziwillstraße stockt plötzlich der Fuß: «Königshöh», dieses jahrzehntealte Vergnügungsetablissement steht nicht mehr, es ist ein rauchender Schutthaufen. Im Laufschritt jagt man weiter: Gott sei Dank, die nächsten Wohnhäuser sind heil geblieben. Aber auf dem Gelände des Rennplatzes Carolinenhof sprießten nichtexplodierte Bomben förmlich wie Spargelspitzen!

Da die Angreifer aus dem Westen kamen, ist der Unterschied zu den russischen «Mückenstichen» offensichtlich. Alles steht unter dem tiefernsten Gefühl: was wird uns noch bevorstehen?

Königsberg, 30. August 1944
0.05 Uhr: Nach zweistündigem Schlaf gellen die Luftschutzsirenen. Eiligst stürzt man in die Kleider. Schon ertönt aus dem Radio die erste Warnmeldung: «Starke Kampfverbände im Anflug von der Danziger Bucht.» Jetzt wird es bitterernst.
1.30 Uhr: Nervös geht man im Luftschutzkeller auf und ab. Ganz in der Nähe schießt die Flak wütendes Sperrfeuer, aber dennoch hört man das entsetzliche Heulen und Krachen einschlagender Bomben. Frauen schreien auf, Türen schlagen zu, Fensterscheiben zerspringen, auf den Dächern klappert es von den Splittern der Flakgranaten. Der Rundfunk meldet immer neue Wellen im Anflug.
1.55 Uhr: In einer Feuerpause stürze ich hinaus: in unserer Straße ist alles heil, aber in Richtung Hafen und Vorstadt quellen schon ungeheure Feuersäulen auf. Eben will ich weiter, um mehr zu erspähen, da gibt es in der Nähe eine gewaltige Detonation: ein abgeschossener Bomber stürzt krachend zu Boden und brennt in einer jähen Stichflamme aus.
2.10 Uhr: Für Königsberg wird das Schlimmste befürchtet. Aus dem Stadtinnern dringen keine Nachrichten heraus. Alle verfügbaren Kräfte sollen nach Kalgen, wo eine Großauffangstelle eingerichtet wird.
3.45 Uhr: In Kalgen: Autos bringen die ersten Geretteten. Weinende aufgelöste Menschenbündel. Sie kommen von der Klapperwiese und der Insel Venedig. Man hat sie durch den Feuersturm gebracht. Die nassen Decken und Tücher, die sie zum Schutz gegen die Glut umhatten, sind halb verkohlt. Von anderen Angehörigen wissen sie nichts. Wo wir sie hinsetzen, sitzen sie, zittern und schluchzen unaufhörlich.
4.10 Uhr: Mit drei Lastautos und Anhängern soll ich in die Stadt. Die Fahrer sind französische Fremdarbeiter von der Schichauwerft. Je näher wir zur Stadt kommen, um so ungeheuerlicher wächst das Flammenmeer. Im Morgengrauen steht ein Wolkenberg kolossalen Ausmaßes am Himmel. Es ist, als ob der Vesuv ausgebrochen ist. So muß es in Dantes «Inferno» zugegangen sein.
4.40 Uhr: Vom neuen Bahnhof dringen wir in die Vorstädtische Langgasse ein, kommen aber nur bis zum Alten Garten. Wenige Schritte weiter schlagen die Flammen aus dem Bau der Reichsbahndirektion. Rauchschwaden und Aschenregen benehmen den Atem. Was an menschlichen Gestalten zu entdecken ist, wird zu den Autos geleitet. Manche sind halbnackt, andere haben nichts, als was sie am Leibe tragen, dieser und jener hat ein armseliges Bündel oder ein Köfferchen gerettet. Alle aber sind völlig verstört: sie entrannen direkt den Fängen des Todes.
6.30 Uhr: Unablässig jagen wir mit unseren Autos hin und her. Jetzt kann man schon in den Alten Garten eindringen, wo die Haberger Mittelschule erster Sammelplatz wird. Dicht nebenbei brennt die Knochenstraße lichterloh. Auf dem Alten Garten sind nahe beim Brandenburger Tor zwei Häuser eingestürzt und sperren die Durchfahrt. Hunderte bringen wir in Sicherheit, andere sind nicht von der Stelle zu bewegen: sie vermissen ihre Angehörigen.
8.20 Uhr: Wir haben unseren Anhänger losgekoppelt und wollen in die brennende Borchertstraße eindringen. Die Polizei erhebt Ein-

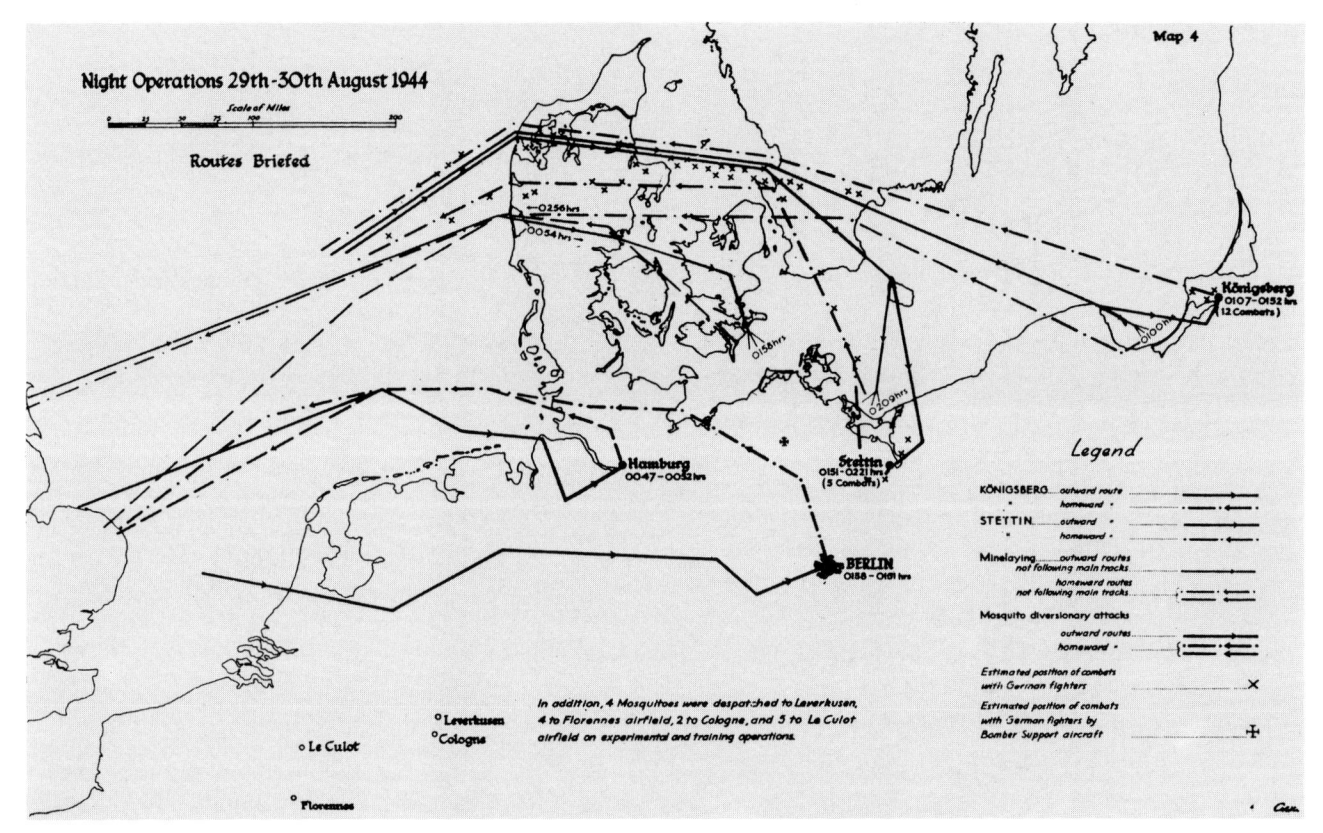

23 *Einflugschneisen der Nachtoperationen der englischen Luftwaffe vom 29./30. August 1944*

spruch, die Feuerwehr schimpft, daß wir über die Schläuche fahren. Aber am Ende der Borchertstraße, gegen die Knochenstraße zu, steht eine Frau mit zwei Soldaten und winkt unaufhörlich.
Wir eilen zu den drei. Die Glut ist unerträglich, der Rauch erstickt einen fast. Wie ein Betrunkener torkelt man umher. Die Franzosen schütten Wasser auf die Autoreifen, damit sie nicht platzen. Währenddessen laden wir die drei Menschen nebst einigem Mobiliar auf. Als wir abfahren wollen, vernehme ich aus einem schon angesengten Haus Wimmern. Wir stürzen dorthin und finden einen jungen Bernhardiner. Auch er kommt mit.

Königsberg, 31. August 1944
17.00 Uhr: Ununterbrochen sind wir auf den Beinen. 7000 Menschen sind jetzt in Kalgen. Frauen und Kinder kommen nach Preußisch Eylau und Heiligenbeil, die Berufstätigen bleiben in der Nähe. Karten, Bezugsscheine, Eilnachrichten an Angehörige und vor allem die Nachforschung nach Vermißten stehen im Vordergrund. Soldaten, Ostwallarbeiter, Flakhelferinnen begehren Auskunft. Der eine hat ein angesengtes Kopftuch seiner Frau im Keller gefunden und befürchtet das Schlimmste. Als wir den gesuchten Namen in der Liste finden, umarmt er uns. Andere hasten von einer Auffangstelle zur anderen und bekommen keine tröstliche Auskunft.
In der Altstadt, im Löbenicht sowie im Kneiphof müssen die Opfer in die Tausende gehen. Soldaten, die Großangriffe auf andere Städte miterlebt haben, berichten, so schnell wie Königsbergs Innenstadt hätten sie nichts niederbrennen gesehen.
20.00 Uhr: Gegen Abend dringe ich vom Nordbahnhof aus in die Stadt ein. Ein trauriger Gang durch meine Vaterstadt. Die Wucht des Feuers ist größtenteils schon gebrochen, nur Hitze und Aschenstaub setzen einem schwer zu. Mühselig klettere ich über Schutt und Trümmer, oftmals nur auf einem schmalen Gang in der Mitte der Straße. Besonders schlimm sieht die Gegend zwischen Steindamm und Neuroßgärter Kirche aus. Defaka und Alhambra sind unversehrt. Gegen den Paradeplatz hin kämpfen hinter der Post, die noch steht, die Feuerwehren. Universität und Gräfe und Unzer sind Ruinen. Besonders erschütternd ist der Gang durch das historische Königs-

24 *Lastadie*

berg. Die Tränen kommen einem von selbst in die Augen. Königsberg und der deutsche Osten haben oft genug ihren rühmlichen Geschichtsbeitrag geleistet, zahlreiche bedeutende Menschen haben wir der Welt geschenkt. Für uns selbst blieb nicht allzuviel übrig; Ausruhen und Behaglichkeit kannten wir kaum.

Halb betäubt von Hitze und Qualm setzt man sich in der Nähe des Schlosses auf ein paar Treppenstufen, die allein übrigblieben. Entsetzt sucht das Auge im Umkreis ein unversehrtes Haus. Du findest es nicht. Unsere wenigen historischen Erinnerungsstätten sind allesamt in den Flammen aufgegangen: Schloß und Dom, alte und neue Universität, das Speicherviertel, Altstadt, Kneiphof und Löbenicht, alles Zeugen einer ehrenvollen geschichtlichen Vergangenheit.
Wilhelm Matull (Aus: Ostpreußenblatt 28. August 1954)

25 *Kaiser-Wilhelm-Denkmal am Schloß*

Alles verbrannte

Neben meiner Tätigkeit als Abteilungsleiter in der Zeitungssetzerei war ich Werksluftschutzleiter und wohnte in der «Königsberger Allgemeinen Zeitung» (KAZ) im Vorderhaus, drei Treppen über der Schriftleitung, neben Herrn Gustav Griger. Als am 30. August 1944 der englische Luftangriff auf Königsberg erfolgte, hielten sich Betriebsangehörige und Einwohner aus den umliegenden Häusern im Luftschutzraum auf. Der Luftschutztrupp unter Führung von Herrn Griger (er war mein Stellvertreter) hielt sich in den oberen Etagen auf, um etwaige Stabbrandbomben auf die Straße zu werfen. Aber der Feuersturm erfaßte auch die KAZ. Das Löschwasser versiegte, und so war man machtlos. Hinzu kam, daß das der KAZ gegenüberliegende Café Bauer im Keller große Alkoholbehälter liegen hatte. Diese explodierten und die Flammen schossen über die Straße bis zur KAZ. Durch die Hitze barsten die großen Schaufenster und die Flammen hatten unbehindert Zugang. Nach mehrmaligen Luftangriffen konnten die im Luftschutzraum befindlichen Personen wieder in ihre Wohnungen zurückkehren. Um 3 Uhr verließ ich auch mit Herrn Griger, der gestützt werden mußte, durch den Durchbruch zur Münzstraße die KAZ. In dem Gang zum Durchbruch stieß ich in der Dunkelheit auf zwei auf dem Boden liegende Körper. Ich hatte mir schon lange vorher eine nasse Decke über den Kopf gezogen und die Gasmaske aufgesetzt. Trotz dieser Behinderung hob ich die beiden auf, unter jedem Arm einen und stolperte mit ihnen die kleine Treppe vom Durchbruch über den Hof zur Münzstraße hinab. Herr Griger hatte sich auf meinen Rücken gelegt und hielt sich an meinem Hals fest. Mit dieser Last ging ich in gebeugter Haltung bis zum Schloßteich am Münzplatz. Es war ein mühseliger Weg, denn es war durch den Rauch stockdunkel, und die Flammen züngelten bis auf die Straße hinab. Auf dem Münzplatz nahmen mir die Sanitäter die Bewußtlosen ab, nahmen ihnen die Gasmasken ab und ich erkannte den Maschinensetzer Gottschalk und meinen Sohn. Meinen Schreck können Sie sich wohl vorstellen, als ich ihn erkannte. Doch dann war meine Freude groß, und nachdem er sich erholt hatte, gingen wir meine Frau suchen, die sich am Schloßteich befinden sollte, wie ich es ihr gesagt hatte, als sie die KAZ verließ. Nach längerem Suchen fanden wir sie auch. Aber sie hatte eine schwere Verletzung am rechten Bein durch einen herüberfallenden brennenden Balken erlitten. Da ich nun keine Wohnung hatte, wurde ich mit Frau und Sohn in eine Notunterkunft in Ratshof

26 *Steindamm, rechts die Steindammer Kirche*

27 *Blick zum Hafen*

eingewiesen. Leider habe ich absolut nichts retten können. Lange vor den beginnenden Luftangriffen am 27. und 30. August hatte ich alles in den massiven Luftschutzräumen untergebracht. Aber eine Luftmine, die in der Nähe des Münzplatzes niederging, hatte durch den gewaltigen Luftdruck die eisernen verschlossenen Türen aufgesprengt, so daß die Flammen ungehindert Zugang hatten und eben alles verbrannte.
Willy Grübner (Aus: Festschrift – Königsberger Allgemeine Zeitung)

Vernichtende Luftangriffe

Die Verhältnisse, die ich vorfand, waren entsprechend meinen Erwartungen alles andere als erfreulich. Die Innenstadt hatte schon bei Fliegerangriffen im Spätsommer 1944 erheblich gelitten. Bis zu den britischen Luftangriffen im August 1944 war Königsberg von stärkeren Angriffen verschont geblieben. Gleich am Beginn des Rußlandfeldzuges, Ende Juni 1941, hatten einige russische Flieger Bomben in der Umgebung des Tiergartens (Hornstraße–Gluckstraße–Tiergartenstraße) mit geringer Wirkung abgeworfen. Auch ein Angriff im Herbst 1941 auf die Gegend des Bahnhofs Ratshof war ohne besondere Bedeutung. Im Frühjahr 1943 waren dann russische Bomben auf den Oberrollberg–Steindamm–Steffekstraße–Drummstraße gefallen, die Instandsetzungen im Klinikviertel erforderlich machten. Erstaunlicherweise hielten sich die Russen dann bis Ende Januar 1945 mit weiteren Angriffen zurück, obwohl ihre Abflugbasen nur wenig über 100 km von Königsberg entfernt lagen.
Von vernichtender Wirkung waren hingegen die beiden britischen Luftangriffe Ende August 1944, über die ein Bericht folgendermaßen lautet:
«Am 26./27. August griff die britische Luftwaffe mit etwa 200 Flugzeugen Königsberg an. Der Angriff traf fast ausschließlich das Gebiet von Maraunenhof zwischen Cranzer Allee und Herzog-Albrecht-Allee. Im Süden schnitt der Angriff mit dem Wallring ab, traf also mit Ausnahme einiger Streubomben die Innenstadt nicht. Da sich in der Cranzer Allee militärische Verwaltungsgebäude, Kasernen und in Rothenstein militärische Werkstätten und Depots befanden, kann man diesen Angriff vielleicht noch als auf militärische Ziele abgestellt ansehen. Er erforderte rund 1000 Todesopfer. Etwa 10 000 Menschen wurden obdachlos. Der Gebäudeschaden betrug schätzungsweise 5 Prozent.
Am 29./30. August erfolgte ein erneuter Angriff der britischen Luftwaffe mit etwa 660 Bombern. Die ersten Bomben fielen am 30. August um 1.00 Uhr. Angriffsziel war im Gegensatz zum ersten Angriff ausschließlich die Innenstadt, Angriffsraum durch Leuchtkerzen genau abgesteckt, also ein reiner Terrorangriff auf die dicht besiedelten, engen Innenstadtteile. Es wurden mit grausigem Erfolg die neuen Brandstrahlbomben erprobt, Brandsturm über der ganzen Innenstadt. Zahl der Toten fast 2 400, Obdachlose rund 150 000; zerstörte und beschädigte Gebäude einschließlich des Vortages auf 48 Prozent errechnet. Etwa 8 Prozent der Schäden waren innerhalb von sechs Monaten reparabel, der Rest von 40 Prozent waren Total- und Dauerschäden. Betroffen waren nur Wohnviertel, also Wohngebäude und solche öffentlichen und gewerblichen Zwecken dienende Gebäude, die in Wohnvierteln standen oder sich in einem räumlichen

28 Speicherviertel

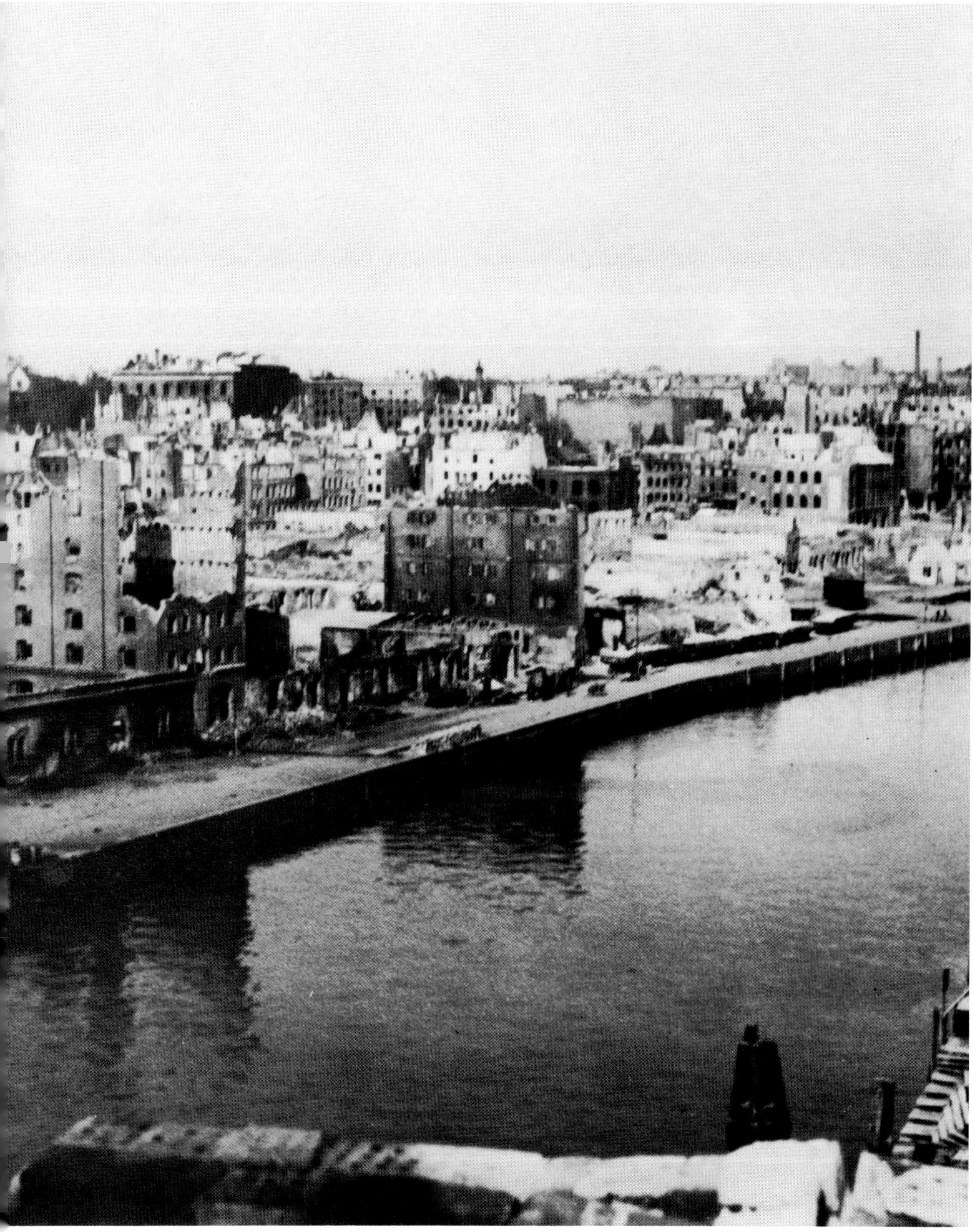

Zusammenhang mit Wohnvierteln befanden, so z.B. die alten Speicher am Hundegatt (Lastadie). Dagegen blieben unberührt: Das Gas- und Elektrizitätswerk, Poseidon, Kohlenimport, Reichsbahnbrücke, Karow-Mühle und Speicher, Steinfurth, Zellstoff-Cosse und Sackheim, Schichau, der Hafen mit seinen Stückguthallen und Speichern, der Hauptbahnhof u.a.m.»
Auch das Gebäude des Generalkommandos in der Cranzer Allee war diesem Luftangriff zum Opfer gefallen...

Otto Lasch/Befehlshaber im Wehrkreis I (Aus: Dokumente deutscher Kriegsschäden)

Feuerwehr immer im Einsatz

Im Juni 1941 erfolgte der erste Luftangriff durch russische Flugzeuge auf Königsberg im Stadtteil Hufen. Es waren nur wenige Flugzeuge im Einsatz. Die abgeworfenen Bomben zerstörten Wohngebäude in der Hornstraße, Gluckstraße und Tiergartenstraße. In der Gluckstraße wurde eine Frau durch Bombensplitter schwer verletzt. Eine Bombe fiel im Zoogelände, ohne größeren Schaden anzurichten.
Im Herbst 1941 griff ein russisches Flugzeug den Bahnhof Ratshof an. Es entstand nur Sachschaden in den Gleisanlagen der Reichsbahn.
Im Frühjahr 1943 hat ein größerer Verband von russischen Flugzeugen die Stadt angegriffen. Im Stadtteil Steindamm, Oberrollberg, Klinikviertel Drummstraße entstanden große Schäden an Wohngebäuden und im Straßennetz. Der Luftangriff forderte auch Opfer von Menschenleben. Einige Bomben fielen auf den Jahn-Sportplatz in der Steffekstraße, ohne Schäden anzurichten.
Am 26./27. August 1944 erfolgte der erste Großangriff durch englische Flugzeuge. In den Stadtteilen Sackheim, Roßgarten, Tragheim, Kasernenviertel Cranzer Allee wurden Wohngebäude und Kasernen zerstört. Die Straßenzüge waren durch Bombentrichter, Schutt und Trümmer unpassierbar geworden. Bei diesem Luftangriff starben viele Einwohner.

Am 29./30. August 1944 war der zweite Großangriff durch englische Flugzeuge. Die erste Welle von Flugzeugen hat Flammstrahlbomben abgeworfen. Die zweite Welle warf in das entstandene Flammenmeer große Sprengbomben, dadurch wurden Flächenbrände verursacht. Die gesamte Innenstadt mit Speicherviertel Lastadie und alle weiteren Stadtteile wurden durch Flächenbrände vernichtet. Nach den Angaben der eingesetzten Aufräumungseinheiten sollen etwa 5000 Tote aus den Trümmern geborgen worden sein. Eine genaue Zählung der Opfer war nach dieser Katastrophe unmöglich.
Meine Dienststelle war in dem Gebäude der Hauptfeuerwache, Altstädtische Bauhofgasse 4. Das Kommando der Feuerschutzpolizei Königsberg befand sich im 2. Obergeschoß, Eingang Reifschlägerstr. 17. Von der örtlichen Luftschutzleitung im Polizeipräsidium gegenüber dem Nordbahnhof war ich als Verbindungsoffizier eingesetzt. Meine Aufgabe war: «Laufende Lageberichte über die Auswirkung eines Luftangriffes in der Innenstadt an die Luftschutzleitung weiterzugeben.»
In der Hauptfeuerwache war ein Löschzug stationiert, der die Aufgabe hatte, bei einem Speicherbrand sofort die Brandbekämpfung durchzuführen. Ein Löschtrupp mit Tragkraftspritze war zum Schutz des Wachgebäudes stationiert. Von der Telefonzentrale der Hauptfeuerwache habe ich der Luftschutzleitung über die Auswirkung des Luftangriffes berichtet.
Die Brandbekämpfung im Speicherviertel der Lastadie mußte aufgegeben werden. Die Wasserversorgung von Hydranten war ausgefallen, da die Hauptwasserleitung durch Sprengbomben zerstört war. Die Saugstelle am Pregel konnte infolge Feuer und Hitze nicht mehr angefahren werden. Brandmeister Albert Naujok hatte versucht, mit seinem Löschtrupp eine Schlauchleitung zum Pregel am Hundegatt auszulegen. Er ist auf dem Weg zum Hundegatt, zwischen den brennenden Speichern umgekommen. Durch die erhitzten Straßenzüge raste heulend mit Orkanstärke ein Feuersturm mit Funkenregen, dazwischen wirbelten brennende Bauteile und anderes brennbares Material. Es war die Hölle auf Erden.
Der Dachstuhl der Feuerwache stand in Flammen. Der Löschzug verließ die Feuerwache und fuhr zum nächsten Löschteich an der Steindammer Kirche. Für die Rettung von Menschen wurde in Richtung zurück zur Feuerwache eine Schlauchleitung zum Aufbau einer Wassergasse gelegt. Unter dem Wasserschirm dieser sogenannten Wassergasse wurden etwa 50 Personen aus dem Luftschutzkeller der Feuerwache, etwa 300 Personen aus dem Luftschutzkeller des Körtelyzeums gegenüber der Feuerwache und ungezählte Personen aus anderen Luftschutzräumen herausgeschleust. Die geretteten Menschen wurden von der Feuerwehr auf sicheren Umwegen zu den Anlagen im Volksgarten geleitet.
Nach der Menschenrettung wurde der Löschangriff an Wohngebäuden neben dem Hauptpostamt aufgenommen, um ein Überspringen der Brände auf das Postgebäude mit Fernmeldeamt zu verhindern. Die betriebseigene Löschgruppe

der Post hat dadurch eine wesentliche Unterstützung bei der Brandbekämpfung erhalten.

Als die Telefonverbindung von der Feuerwehrzentrale zur örtlichen Luftschutzleitung ausfiel, konnten meine Lageberichte vom Fernmeldeamt der Hauptpost vermittelt werden.

Wir waren schon 15 Stunden im Einsatz, ohne Verpflegung zu erhalten. Über der völlig dunklen Innenstadt lag eine Dunstglocke aus Staub und Brandasche. Das Sonnenlicht konnte nicht durchdringen.

Von der Luftschutzleitung erhielt ich die Anweisung, zum Polizeipräsidium zu kommen. Alle erkundeten Auswege waren durch Flächenbrände versperrt. Die Innenstadt war zur Mausefalle geworden. Als einzigen Ausweg wählte ich die Tragheimer Kirchenstraße. Einen Offizier der Wehrmacht mit Dienstwagen konnte ich für meinen Auswegplan gewinnen. Der Feuersturm in der Tragheimer Kirchenstraße raste mit wechselnden Richtungen die Straße entlang und änderte für kurze Zeit in senkrechter Richtung von unten nach oben. In der Richtungsphase von unten nach oben gelang uns die Amokfahrt mit Vollgas durch die Tragheimer Kirchenstraße zum Wallring.

Bei der Luftschutzleitung habe ich im vorgelegten Stadtplan die zerstörte Innenstadt mit Rotstift eingezeichnet. Das Ausmaß der eingezeichneten Zerstörung wurde mit Erstaunen aufgenommen.

Für die notwendige Nachfüllung des fast leeren Löschteiches an der Steindammer Kirche wurden mir Einheiten der Freiwilligen Feuerwehren vom Bereitstellungsplatz am Stadtrand zugewiesen. Mit diesen Einheiten habe ich vom Wallgraben bis zum Löschteich Steindammer Kirche eine Schlauchleitung für die Wasserförderung über lange Wegstrecken gelegt. Die Wasserentnahme aus dem Löschteich war für die weitere Brandbekämpfung gesichert. Der Endkampf um Königsberg begann Anfang Januar 1945.

Die Luftangriffe nahmen zu. Im Januar begann verstärkt die Räumung der Stadt von Einwohnern und Flüchtlingen. Sofern ein größeres Schiff im Hafen lag, haben Löschfahrzeuge mit ihren Martinshörnern Alarm gegeben und die Einwohner aufgefordert, nach dem Hafengebiet zu gehen. Die Luftschutzsirenen waren durch Stromausfall nicht mehr in Betrieb.

Die Feuerschutzpolizei mußte etwa 40 Beamte, von den Geburtsjahrgängen 1906/07 und jünger, zum Fronteinsatz abgeben. Dadurch war eine Umorganisation notwendig geworden. Mein Löschzug wurde im Januar 1945 auf Feuerwache Nord, Wrangelstraße 12, stationiert.

Der Eisenbahnverkehr nach dem Reichsgebiet war Ende Januar 1945 unterbrochen. Die Luftverbindung vom Flughafen Devau war noch intakt. Der Paradeplatz vor der Universität wurde zum Notflugplatz ausgebaut. General des Werkdienstes Fiedler baute die unterirdischen Abwasserkanäle der Stadt für eine militärische Verteidigung aus.

Anfang März 1945 war ein Großangriff von russischen Flugzeugen mit anschließendem Artilleriebeschuß auf dem Flughafen Devau und Stadtteil Kalthof. Das Flugfeld, die Flugdienstgebäude, Wohngebäude und Kasernen wurden von Spreng-, Brandbomben und Granaten schwer beschädigt. Es war eine sternenklare Nacht. Mein Löschzug wurde zur Brandbekämpfung entsandt. Auf unserer Anfahrt durch die Königsallee kamen wir nur bis kurz vor die Ecke Exerzierplatzstraße. In dem Bombenhagel und Artilleriebeschuß hätte die Weiterfahrt zum «Heldentode» geführt. Ironie und Humor haben uns in aussichtslosen Lagen nie verzweifeln lassen. Wir haben etwa eine Stunde zwischen den Grabhü-

29 *Schloß, Südwestecke*

30 *Blick über die Speicher zur Haberberger Kirche*

geln in Deckung gelegen. Danach wurden brennende Wohngebäude in der Kalthöfschen Kirchenstraße und Kleiststraße gelöscht.

Am 8. April 1945 am Vormittag hatte die Luftschutzleitung einen Polizeibeamten mit Fahrrad zur Feuerwache Nord geschickt. Der Beamte übergab uns folgende schriftliche Meldung: «Der Befehlsbunker vom Festungskommandanten General Lasch auf dem Paradeplatz liegt unter Artilleriebeschuß. Die umliegenden Wohngebäude und Trümmer brennen. Der Paradeplatz ist von Rauchschwaden eingehüllt. Rauch und Brandgeruch sind im Befehlsbunker eingedrungen und verursachen lästigen Hustenreiz. Der General hat angeordnet, die Brände umgehend zu löschen. Der Name und Dienstgrad des Löschzugführers sowie die Benennung der ausrükkenden Löscheinheit sind schriftlich anzugeben.»

Mein Bereitschaftsführer (Kompanieführer), Hauptmann der Feuerschutzpolizei Herzog, gab den Einsatzbefehl an meinen Löschzug. Alle erkundeten Anfahrtstraßen zum Paradeplatz waren durch Bombentrichter und Gebäudetrümmer unpassierbar geworden. Die Straße – Mitteltragheim – war noch befahrbar. Die Anfahrt endete an der Straße Theaterplatz/Ecke Burgstraße.

Die Einfahrt zum Paradeplatz war durch Aufgrabung in etwa zwei Meter Tiefe, quer über die Straße, voll gesperrt. Auf Anordnung von General Fiedler baute sein Werkdienst eine Verbindung zum Abwasserkanal. Für unsere Überfahrt war eine Brücke notwendig. Der Werkdienst lehnte den Brückenbau mit den dort liegenden Holzbohlen ab. Ich begab mich zum Befehlsbunker des Festungskommandanten und schilderte die Lage. Ein Hauptmann vom Befehlsstab unterstellte mir einen Feldwebel mit 20 Pionieren für den Bau der Brükke. Der Werkdienst mußte seine Arbeiten während unseres Brükkenbaues einstellen. Nach kurzer Zeit erschien General Fiedler an der Straßenecke. Er tobte und schrie seinen Einheitsführer an. Der berief sich auf meinen Befehl von General Lasch. Fiedler schrie, holen sie mir den Feuerwehrführer her. Ich wartete überlegend ab, bis der Werkdienstführer kam und sagte, General Fiedler verlangt sie zu sprechen. In dieser verzwickten Lage war es mir klargeworden, daß ich auf ihn beruhigend wirken mußte. Ich meldete mich bei ihm mit Name, Dienstrang, Löscheinheit und auszuführendem Befehl vom Festungskommandanten General Lasch. Fiedler rauchte eine Zigarre, er schwankte leicht hin und her und fragte in ruhigem Ton: «Sind Sie ein Aktiver oder Reservist?» Ich antwortete: «Aktiver, Herr General.» Er fragte nach der Zeitdauer unserer Brückenarbeiten. Ich sagte, daß wir in etwa zehn Minuten fertig sind. Er wurde immer ruhiger. Darauf stellte ich ihm die Frage: «Herr General, wann kommen die angekündigten neuen Waffen zum Einsatz. Die Russen sind doch bereits in den Vororten der Stadt?» Der General sah mich an, zog an seiner Zigarre und sagte wörtlich: «Ich werde es Ihnen sagen, mein Lieber, morgen laufen wir mit dem Arsch auf Grundeis.» Er drehte sich um und verschwand. Das war die Antwort auf den ständigen Propagandarummel zum Durchhalten.

Beim Löscheinsatz unweit vom Befehlsbunker am Paradeplatz wurde durch Artilleriebeschuß ein Feuerwehrmann getötet und ein Löschfahrzeug vernichtet.

Nach der Rückkehr auf der Feuerwache Nord habe ich die Aussage von General Fiedler erzählt. Es war jetzt allen klargeworden, daß wir von den Nazis immer belogen und betrogen wurden und zum Abschluß verheizt werden sollten. Der folgende Tag brachte das Ende der braunen Diktatur in unserer Heimatstadt. Die Feuerschutzpolizei (Berufsfeuerwehr) ist bis zur Kapitulation am 9. April 1945 in Königsberg im Einsatz gewesen.

Viele Kameraden sind beim Löschoder Kampfeinsatz gefallen. Einige wurden nach der Gefangennahme völkerrechtswidrig von russischen Soldaten erschossen. Es ist von Kameraden bezeugt worden, daß mein einziger Bruder, Bezirksleutnant der Feuerschutzpolizei Max Stolzke, durch Genickschuß getötet wurde. Das gleiche Schicksal wurde dem Meister der Feuerschutzpolizei Georg Wölk zuteil. Die russische Kriegsgefangenschaft hat durch Krankheit und Tod weitere Opfer unter den Kameraden gefordert. Einige Heimkehrer sind bei verschiedenen Berufsfeuerwehren wieder eingestellt worden.

Es ist mir nicht leichtgefallen, diesen traurigen Bericht vom Untergang meiner Heimatstadt Königsberg (Pr.) niederzuschreiben. Die Berufsfeuerwehr wurde im April 1858 gegründet und war eine der ältesten Wehren in Deutschland. Das oberste Gebot aller Feuerwehren in unserer Welt, Menschen zu retten, Brände zu verhüten oder zu löschen, wurde bis zum bitteren Ende ausgeführt. *Otto Stolzke*

Wir besaßen nichts mehr

Im August 1944 erlebte ich den ersten großen Bombenangriff auf Königsberg mit und kam soeben mit dem Leben davon. Ich war damals Schülerin in der Haushaltungsschule «St. Katherina» in Königsberg-Maraunenhof, Oberteichufer. Das Gebäude wurde am 27. August völlig zerstört. Im Juli 1944 bekamen wir Gasmasken aus-

31 *Kantstraße*

gehändigt. Wir merkten, daß die Lage für uns sehr kritisch wurde. An Bombenangriffe, von den Engländern durchgeführt, dachte allerdings niemand. Der 27. August 1944 war ein herrlicher Spätsommertag, ein Samstag. Wir freuten uns auf den Sonntag und waren recht fröhlich, doch gegen 23.00 Uhr, wir schliefen noch nicht, gingen die Sirenen, und in wenigen Minuten erschütterten Bomben die Stadt. Wir schauten durch das Fenster und sahen, daß der Himmel erleuchtet war. Man hatte die sogenannten Christbäume gesteckt, um ganze Stadtgebiete ausradieren zu können. Wir erkannten unsere Lage. Zum Ankleiden war keine Zeit mehr. Ich schnappte mir ein Kleid, den Mantel und stieg schnellstens in Lederschuhe, und in großer Eile

32 *Schloß, Nordostecke, vom Münsterplatz aus gesehen*

ging es runter in den Keller. Es muß sich alles unglaublich schnell abgespielt haben. Kaum, daß die letzte Person unten im Keller war, prasselten auch schon Bomben auf unser Gebäude. Wir hielten uns nasse Tücher vor das Gesicht. Plötzlich trat eine Stille ein, die Bombengeschwader hatten die ganze Fracht abgeladen. Die Kellerausgänge waren verschüttet und die Etagen über uns waren zerstört. Wir waren Gefangene im Keller.

Nach einiger Zeit hörten wir, daß man den Notausgang, ein Kellerfenster, frei schaufelte, und wir, die mit dem Leben abgeschlossen hatten, wurden doch gerettet. Die Arbeit ging dann los. Von uns Schülerinnen wurde eine Kette bis zum Oberteich gebildet, und wir versuchten bis zum frühen Morgen Wasser zu schöpfen, um die Brandstellen zu löschen. Überall auf der Rasenfläche brannte es. Die Luft war stickig und voller Feuerfunken und überall Trümmer. Am Morgen fuhren Lastwagen (Militär) die Straße entlang, um ausgebombte Menschen aufzunehmen. Wir stiegen mit auf einen Lastwagen und ließen uns zum Hauptbahnhof bringen. Wir bekamen eine Fahrkarte ausgehändigt zum Heimatort (90 km von Königsberg). Wir besaßen außer einem durchlöcherten Kleid und versengtem Haar nichts mehr. Meine Mutter war glücklich, als ich am Nachmittag lebend vor ihr stand.

Ich war damals 16 Jahre alt.

Margaret Lingnau

Schreckensnacht

Ich wohnte in Königsberg als Untermieterin in einem vierstöckigen Haus in der Schützenstraße, einer kurzen Nebenstraße des Mitteltragheims – in nächster Nähe des Regierungsgebäudes, das auch meine Dienststelle war. Ich war dort im Schuldezernat als Bezirksjugendpflegerin mit vorwiegend kulturellen Aufgaben (Musik, Laienspiel, Dorfabende usw.) tätig.

Den ersten großen Angriff auf Königsberg habe ich nicht miterlebt, da war ich zufällig zum Kurzbesuch bei meinen Eltern im Kreise Ortelsburg und kam am Tage nach dem Angriff mit viel Zugverspätung zurück.

Schon einen Tag später (Nacht vom 29. zum 30. August 1944) fand der zweite große englische Bombenangriff statt, dem vor allem die Innenstadt zum Opfer fiel.

Wie gut, daß nunmehr in 40 Jahren so viel Gras drüber gewachsen ist, und diese Schreckensnacht ganz in den Hintergrund gedrängt worden ist, zumal sie noch von ebenso schrecklichen Erlebnissen auf der fast dreimonatigen Flucht im Treck überdeckt wurde (Flucht übers Haffeis, weiter bis Stolp, zurück bis Gotenhafen, mit Fischerbooten bei Windstärke 8 oder mehr über die Ostsee mit Notlandung in Bornholm – danach bis Warnemünde, dann nach Sachsen, dort erneut Russeneinbruch – 1956 dann über Berlin in die Bundesrepublik). Wir haben viel Schweres durchgemacht, so daß die Bombennacht in Königsberg ganz in den Hintergrund gedrängt ist.

Der Luftschutzkeller in unserem Hause war vorschriftsmäßig ausgestattet – das heißt gut abgestützt und mit mehreren Ausgangsmöglichkeiten – notfalls vorgesehenen Mauerdurchbrüchen durch die Nachbarkeller – versehen.

Der Alarm gegen Morgen veranlaßte alle Hausbewohner, schnellstens den Keller aufzusuchen. Ich weiß heute nicht, wie lange das dauerte! Bald hörten wir Flieger und dazu Bombeneinschläge in der Ferne und in der Nähe und dann ein besonderes Krachen und Detonieren über uns – und wir wußten, daß unser Haus zusammengefallen war. Ich besinne mich nicht mehr darauf, wie lange wir im Keller saßen und wann und wie wir da herauskommen konnten. Die ersten Eindrücke draußen kann ich nicht mehr beschreiben. In die Luftschutzkeller hatten wir wegen Platzmangel kein Vorratsgepäck mitnehmen dürfen – es sei denn nur einen kleinen «Luftschutzkoffer», der wirklich nur das Notwendigste enthielt. Die Häuser unserer Straße waren zertrümmert und zusammengestürzt, aber es brannte nicht, wie wir es teilweise noch in Nachbarstraßen beobachteten. Ich weiß auch nicht mehr, wie es dazu kam, daß ich in Maraunenhof in der Cäcilienallee bei Bekannten Unterkunft fand. Die Cäcilienallee ist sozusagen die Verlängerung des Mitteltragheims jenseits der Wrangelstraße. Mag sein, daß ich auf gut Glück eine Straße suchte, die noch heil geblieben war. Trotz aller Enge wurde ich dort lieb und gut aufgenommen.

Etwas Paradoxes ist mir aber unverrückbar im Gedächtnis geblieben: Sobald es tags darauf möglich war, versuchte man, die Stätte der alten Wohnung unbedingt aufzusuchen. Ich entdeckte von der Hofseite her über hohe Trümmerhaufen ein Kellerfenster, in das ich einzusteigen wagte – es war die Waschküche unseres Hauses. Ja – und nun die ganz große Überraschung:

Ausgerechnet meine wenigen für den Winter zugeteilten Briketts standen schön gestapelt in einem Winkel der solide gebauten Waschküche. Da ich ja nur Untermieterin war, war für mich kein Platz in den zu den Wohnungen gehörenden Kellern, in die allerlei Hausrat ausgelagert war und somit mit Kisten und Koffern überfüllt waren. Ich habe nun meine Briketts einzeln über Trümmerberge auf beschwerlichem Weg herausgeholt und meinen Gastgebern damit ein hochwillkommenes Geschenk gemacht.

Ironie des Schicksals: Nur das Brennmaterial habe ich in der brennenden Stadt retten können!

Ansonsten habe ich bei dem Angriff alles verloren. Ich weiß nicht einmal, ob ich meinen kleinen Luftschutzkoffer gerettet habe, auf jeden Fall aber kam ich mit meiner Geige, die mir wichtiger als alles andere war, heil aus dem Inferno! Allmählich ging das Leben in der zerstörten Stadt weiter. Das Regierungsgebäude war nur teilweise zerstört, der Dienstbetrieb ging über einen Nebenausgang allmählich weiter. Opernhaus und Universität in der Nähe waren zerstört und ausgebrannt. Die Randbezirke waren erhalten geblieben. Ich selbst wechselte auch bald die Wohnung und wurde in der Goltzallee (Hufen) untergebracht. Oft waren wir noch in Luftschutzkellern, aber einen solchen großen Angriff mit soviel Zerstörung habe ich nicht noch einmal erlebt.

Ich war bis zum 18. Januar 1945 in Königsberg, fuhr an diesem Tag schon mit allerlei Bahnschwierigkeiten zum Sonntagsbesuch zu meinen Eltern, um mit ihnen zu beraten, was eventuell bei einem Frontdurchbruch zu tun sei – und konnte nicht mehr nach Königsberg zurück, weil inzwischen der Frontdurchbruch bei Preußisch Eylau den Feindring um Königsberg geschlossen hat. Wir in Masuren verließen am Sonntag, dem 21. Januar 1945, in aller Herrgottsfrühe mit einem Treck von über 20 Wagen unser Heimatdorf.

Meine Geige war diesmal nicht mehr dabei – sie blieb im Luftschutzkeller in der Goltzallee in Königsberg! *Edeltraut Matzath*

33 *Blick über den Pregel zur Dominsel mit alter Universität, Stadtgymnasium und Dom*

Beerdigung der Mutter

Die Beerdigung meiner Mutter am 31. August 1944 auf dem Neuen Militärfriedhof, Tapiauer Straße, erfolgte in den Mittagsstunden. Der Friedhofsinspektor hatte keine Totengräber, teils waren diese durch die Bombenangriffe abwesend, die übrigen waren mit vielen Soldaten beschäftigt, Massengräber für tote Soldaten zu schaufeln, die bei dem Angriff, teils durch ein getroffenes Lazarett, ums Leben

34 *Das Gebäude der Reichsbank*

gekommen waren. Den Sarg – einen Schrank mit Spiegelfenster – erhielt ich von Frauen, für die ich mit meinem Freund Holl aus einem stark qualmenden Keller am Burgkirchenplatz Wäsche und Beklei-

35 *Französische Straße*

dung herausholte, da wir ja unsere Gasmasken bei uns hatten. Dann haben wir einen Handwagen organisiert, den Sarg im Hof Junkerstraße 8 aufgeladen und über all die Trümmer durch die Französische Straße, Königstraße, Sackheimer Tor zum Friedhof. Es war eine fürchterliche Fahrt, die Stadt lag unter einer riesigen Rauch- und Staubwolke, oft mußten wir den Karren über Hindernisse hinwegheben, die Hitze war groß. Auf dem Friedhof gab es noch einen blinden Fliegeralarm. Ich sehe noch, wie auf der Straße Menschen und Fahrzeuge wie wild in Richtung stadtauswärts stürmten. Wir borgten uns Spaten und hoben das Grab aus. Da es weder Kränze noch Blumen gab, legte ich in den Sarg und auf das Grab langstielige gelbe Blumen aus dem gegenüberliegenden Schrebergarten.

Mutter fand ich so vor: Am 30. August ging ich mit Holl durch den Torweg, dessen Holzpflasterbelag teilweise noch glühte, in den Hof, ich sah zu den Mauern zur ausgebrannten Wohnung hoch, sah meinen BMW-Dixi ausgebrannt stehen. Holl ging weiter, kam zurück und sagte sehr erregt, ich müßte nun hart sein: Dort liege eine Tote, es sei meine Mutter. Sie lag genau vor der Tür zu unserem Aufgang. Äußerlich unversehrt, voll bekleidet, ausgestreckt auf dem Rücken, jedoch Beine und Arme angewinkelt. Im Gesicht völlig glatt, hatte ich den Eindruck, daß Mutter noch lebe, allerdings war das Gesicht wie nach einer Sommerfrische stark gebräunt, was durch die große Hitze entstanden sein mag. Wir legten die Tote in die Mitte des Hofes und ich deckte sie mit meiner mitge-

36 *Blick über den Münchenhofplatz zum Schloß*

brachten Zeltbahne zu, die ich auch dem «Sarg» beigab. Dann begann ich mit Holl in dem Luftschutzkeller, der bis Kniehöhe unter warmem Wasser stand, nach meinem Vater zu suchen, vergeblich. In einer Ecke des Hofes fand ich eine auffallend kleine Leiche, Beine und Arme waren nur noch spitze Stümpfe. Ich glaubte, es wäre Vater. Ich habe dann ganz genau geprüft, die Leiche auf die Straße vors Tor gelegt und mit einem großen Blech bedeckt, das ich mit Kalk beschrieb: «Weibliche Leiche». Als ich dann sah, wie Lastautos mit Toten durch die Junkerstraße fuhren, es wurden diese ohne Sarg geschichtet, stand für mich fest, daß ich, so oder so, dafür sorge, daß Mutter neben Hans ruhen wird. Unmittelbar hinter ihrem Kopf lag ein Aluminiumkochtopf, das war der Befehlsluftschutzhelm. Wir haben dann noch die Dinge geborgen, die im kleinen Keller unter der Treppe unversehrt geblieben waren. Da die Treppe aus Eisenblech war, war wie ein Wunder alles erhalten. Ich fand dort auch ein Laken, das ich für die Einsargung verwandte. Wir halfen dann noch, wo wir konnten, denn wir «Soldatchens» kamen den alten Menschen gerne zur Hilfe. Bis in die Nacht hielten wir im Hofe Wache. Da es selbst uns «Kriegern» dort zu unheimlich wurde, z.B. brannten aus geborstenen Gasrohren immer noch Geisterflammen, setzten wir uns auf den Münzplatz unter die ehemalige Uhr bis zum Morgen. *Felix Blume*

Die ersten Bomben

Die ersten Bomben auf Königsberg fielen – soweit ich mich erinnere – bald nach Beginn des Rußlandfeldzuges in der Hornstraße schräg gegenüber dem Tiergarten.
Ich war Assistenzärztin in der Universitäts-Kinderklinik Königsberg, Steindammer Wall, als die beiden großen Bombenangriffe am 27. und 30. August 1944 die Innenstadt von Königsberg zerstört haben. Die Feierlichkeiten der 400-Jahr-Feier unserer Universität waren vorbei, da kamen die beiden Bombennächte. Wir hatten im Keller unserer Klinik gut eingerichtete Luftschutzräume mit Einzelboxen für unsere Säuglinge und abgetrennte Räume für die größeren Kinder. Es waren Bombeneinschläge in unserem Klinikgelände, doch hatten wir keinen Volltreffer erhalten. Naheliegende Gebäude wie die Anatomie, das Arbeitsamt, das Zoologische und Botanische Institut waren getroffen und hatten große Schäden. In unserer Klinik waren die Fensterscheiben zersplittert, auch waren Schäden am Dach, an Türen, Wänden durch die Detonationen aufgetreten. Es waren aber keine Kinder, auch keine Mitarbeiter verletzt. Alle unsere transportfähigen kleinen Patienten wurden in den nächsten Tagen in unsere Ausweichklinik nach Rauschen verlegt. Unsere Klinik in Königsberg wurde so schnell wie möglich repariert, so daß bald wieder der stationäre Klinikbetrieb und auch die Ambulanz aufgenommen werden konnten. Wir belegten nur noch die Räume im Erdgeschoß mit kranken Kindern, in der ersten Etage wurden Zivilpatienten der Chirurgischen Universitätsklinik versorgt. Im Winter 1944 konnte wieder – bis zu unserer Evakuierung am 26. Januar 1945 – die Universitäts-Kinderklinik in vollem Umfang belegt und genutzt werden.
Margarete Siegmund

Zwei Tage danach

Ich bin zwei Tage nach dem zweiten Großangriff auf Königsberg von der Kavallerieschule Bromberg aus auf Urlaub gefahren, weil ich keine Telefonverbindung mit meinen Eltern hatte und nicht wußte, ob sie noch lebten, mein Elternhaus noch stand. Es gingen keine Straßenbahnen, es war Nacht und dann bin ich eine Stunde ungefähr bis nach Maraunenhof zu Fuß gelaufen, hatte meinen Schäferhund dabei, der sonst immer sehr voran lief, aber in diesem Fall lief er mir immer zwischen den Beinen. Ich hatte mich immer gewundert, wieso dieses Tier so verängstigt war. Habe nachher am nächsten Tag festgestellt, daß die ganzen Gebäude an den Straßen abgebrannt waren. Das Tier hatte diesen Rauch- und Verwesungsgeruch nicht vertragen, und dadurch war dieser anfangs sehr muntere Schäferhund sehr verschüchtert. Als ich nach Hause kam, stand unser Haus. Im Maraunenhof war relativ wenig passiert, und es war eigentlich eine heile Welt, die ich noch antraf. Aber ich bin dann am nächsten Tag zum Kaiser-Wilhelm-Platz gefahren und bin nun von dort aus, der Kaiser-Wilhelm-Platz ist ja der Mittelpunkt der Königsberger Innenstadt, in jede Richtung, in jede Himmelsrichtung, eine Stunde marschiert. Es war kein Gebäude in diesen Straßen mehr intakt. Es waren alles ausgebrannte Ruinen und man hatte so den Eindruck, es wäre eine tote Stadt. Das änderte sich wieder auf den Hufen, ziemlich weit draußen. Der Hauptbahnhof stand noch, aber in der Innenstadt war so ziemlich alles flach.
Heinz Radke

Grauen in der Bombennacht

Mein Mann war am 20. Februar 1943 mit 30 Jahren im großen Donez-Bogen in Rußland gefallen. Ich wohnte weiterhin allein in unserem Pastorat in Schirwindt, einer Kleinstadt an dem Grenzfluß Schirwindte, in die hier die litauische Scheschuppe mündete. Sie bildete einen Teil der Grenze zwischen Ostpreußen und Litauen.

Ab Oktober 1943 besuchte ich in Königsberg/Pr. das Seminar für kirchlichen Frauendienst und wohnte auch dort. Wenn ich mich recht erinnere, gehörte das Haus früher der Evangelischen Inneren Mission und war von der Partei enteignet worden. Im ersten Stock war ein Zweig des Finanzamtes untergebracht.

Zu dieser Zeit waren in Ostpreußen schon viele evangelische Pfarrer und Gemeindeglieder von den Nazis verhaftet worden. Heimlich besuchten wir damals die abendlichen Fürbittgottesdienste, die in der Steindammer Kirche bei verschlossenen Türen abgehalten wurden.

In der Nacht zum 27. August 1944 erlebten wir den ersten schweren Bombenangriff auf Königsberg. Unser großes Haus am Theaterplatz 12 hatte einen öffentlichen Luftschutzkeller, in den auch Menschen aus der Nachbarschaft kamen, vor allem Frauen mit kleinen Kindern. In dieser Nacht wurden ganze Stadtteile in Trümmer gelegt, es gab viele Tote. Aber wir kamen mit dem Schrecken davon. Wir hatten nur totalen Glasschaden und auch die Wände trugen Schäden, so daß wir zwölf Seminaristinnen und unsere Leiterin, Vikarin Trute, zwei Tage lang damit beschäftigt waren, unsere Räume wieder bewohnbar zu machen. Ich hatte außerdem das Einkaufsamt und ging jeden Morgen um 7 Uhr mit allen Lebensmittelkarten zu den Geschäften, um unsere Rationen zu erstehen. Als ich am 29. August 1944 von meinem Einkauf zurückkam, stand ein Wagen, gezogen von zwei schweren Pferden, vor unserer Haustür. Zwei Männer waren damit beschäftigt, große flache blaue Kisten in die Parteikeller unseres Hauses zu tragen. Ich fragte die Männer, was die Kisten enthielten. Antwort: «Butter.» Meine Beobachtung teilte ich unserer Leiterin mit. Die Parteikeller lagen nach der Hofseite. Von den Fenstern der Burgstraße und der Großen Schloßteichstraße konnte man in unseren Hof einsehen. Dennoch wagte unsere Vikarin ein riskantes Unternehmen. Als es dunkel wurde, öffnete sie ein Kellerfenster und die kleinste und zierlichste von uns stieg durch das Fenster und öffnete eine der geheimnisvollen Kisten. Sie enthielten Munition. Und der Keller war bis zur Decke voll davon! Am nächsten Morgen wagte sich unsere Vikarin in die Parteizentrale im Nachbarhaus. Dort wollte sie wissen, was die blauen Kisten enthielten und ob unser öffentlicher Luftschutzkeller auch ohne Gefahr zu benutzen sei. Das wurde bejaht. Daraufhin ging unsere Vikarin zu dem Hausmeister des Opernhauses, das uns schräg gegenüber lag. Was sie ihm erzählt hat, weiß ich nicht. Jedenfalls verkündete sie uns am Nachmittag, daß wir beim nächsten Fliegeralarm in den Luftschutzkeller des Opernhauses gehen würden. Am Abend hing ein großes Schild an unserer Haustür: Luftschutzkeller gesperrt, nächster öffentlicher Keller Opernhaus. Nachts erfolgte der große Angriff mit Flammenstrahlbomben. Hier eine Abschrift des Briefes, den ich nach dieser grauenvollen Nacht an meine Eltern in Allenstein schrieb:

Sorgenau b. Fischhausen/Samland
Haus Sorgenfrei
den 31. August 1944

Meine lieben Eltern!
Hoffentlich habt Ihr die rote Karte (sie wurden am Morgen verteilt) von mir bald bekommen, so daß Ihr Euch nicht lange um mich zu sorgen brauchtet. Wir haben eine grauenvolle Nacht hinter uns und können es noch gar nicht fassen, daß wir lebend herausgekommen sind. Gott hat ein Wunder an uns getan! Um 12.45 Uhr nachts gingen die Sirenen. In Eile zogen wir uns an und liefen nach dem Keller des Opernhauses, da in unserem Keller immer noch die Munition lag und wir Angst hatten, dort zu bleiben. Kaum waren wir mit vielen anderen Menschen drüben, als es auch schon um uns herum entsetzlich krachte. Die Kellerwände wackelten und wir schnellten bei jedem Einschlag vom Stuhl, ohne daß wir es wollten. Die Eisentüren zwischen den beiden Kellern (wir saßen im 2.) flogen hin und her, irgendwo klirrten Scherben. Wir hielten uns nasse Handtücher vor den Mund, denn es staubte sehr. Den Menschen sprach die Angst aus den Augen, aber alle blieben vorbildlich ruhig, sonst wäre es wohl nicht so glatt abgegangen. Die Bomben fielen ununterbrochen. Wir hatten immer das Gefühl, daß es sehr nahe sein mußte, und es war wirklich so. Unser Haus bekam zuerst einen Treffer, dann das Gauhaus neben uns, danach das Haus links neben uns. Der ganze Theaterplatz steht nicht mehr! Kurz nach 2 Uhr gab es ein ungewöhnliches lautes Krachen. Alles war totenstill. Ich hatte das Gefühl: Gleich stürzt die Decke ein. Unheimlich schrillte die Theaterklingel. Adelheid verlor die Nerven

und ohrfeigte mich ununterbrochen. Dabei schrie sie: «Ich will heraus zu meiner Mutter, und Du kommst mit!» Da hieß es: «Alle Männer zum Löschen!» Nach einer Weile ging das Licht aus. Zum Glück hatte ich noch zwei Weihnachtskerzen und meine Taschenlampe. Es entwickelte sich starker Brandgeruch. Vikarin Trute wollte zum Ausgang, um zu fragen, was los sei. Uns waren zwei Soldaten zur Brandwache zugeteilt. Als Fräulein Trute durch den Luftschutzkeller, der vor uns lag, ging, rief ihr eine Frau zu: «Sofort heraus, es brennt!» Uns im 2. Keller hatte man beinahe vergessen, denn die Leute aus dem 1. Keller waren bereits draußen. Fräulein Trute kam zurück und sagte ganz ruhig: «Kinder, wir wollen aus dem Keller heraus.» Wir ahnten schon, daß auch das Opernhaus brannte. Doch davon sagte sie nichts. Ruhig begaben wir uns zum Ausgang. Es dauerte eine kleine Weile bis wir herauskamen, denn es waren auch alte Leute dabei und eine Frau mit ihrem Kinderwagen. Da rief ein Soldat: «Schnell, sonst bleiben Sie hier.» Endlich erreichten wir den Ausgang. Uns bot sich ein schreckliches Bild, das ich wohl nie vergessen werde. Über uns brannte das Opernhaus. Vor uns das Nebengebäude der Universität, dann die ganze Häuserreihe, in der auch unser Haus stand. Wir sahen nichts als rote Flammen vor uns, die wie ein wildes Meer wogten. Von dem Luftdruck wurden wir gegen die Wände gedrückt und hatten Mühe, uns auf den Beinen zu halten. Aus unserem Haus schlugen die Flammen schon zur Haustür heraus. Doch wohin nun? Es war noch keine Entwarnung. Zum Glück war es aber die letzte Bombe, die die Engländer auf das Opernhaus ge-

37 *Blick zum Schloßturm*

worfen hatten. 10 Meter vom Luftschutzkeller entfernt hatte sie eingeschlagen. – Aber da riefen Soldaten: «Sofort aus der Stadt heraus!» Sie wiesen uns in eine Straße ein. Es kann die 1. Fließstraße gewesen sein. Doch nach 5 Minuten mußten wir schon haltmachen, denn vor uns brannte alles. So ging es alle Augenblicke. Kreuz und quer liefen wir mit unserem Gepäck. Rechts und links brannte es und dauernd fielen Fensterscheiben auf die Straße. Ich hatte nur Angst, uns würden die Scherben auch treffen. An jeder Straße, die gesperrt war, stand ein Soldat und wies uns einen anderen Weg. Der eine zeigte uns den einzigen Weg, der uns nach etwa einer halben Stunde noch blieb. Wir glaubten, nicht durchzukönnen, denn uns schlug nichts als dicker undurchsichtiger Qualm entgegen. Dazwischen flogen überall Funken herum. Wir mußten unsere Gasmasken aufsetzen, das nasse Handtuch über den Kopf binden und vorwärts ging es. Manchmal dachte ich: jetzt mußt du dich irgendwo hinsetzen. Mein Gepäck, meine volle Büchertasche, der kleine Lederkoffer, meine Markttasche und eine zweite Markttasche vom Seminar mit Eßwaren hatte ich zu tragen. Der große Koffer mit allen Kleidern und anderem war im Keller Theaterplatz 12 geblieben. Ich hätte ihn auch nicht tragen können. Anfangs erschien mir mein Gepäck gar nicht so schwer, aber nun fiel es mir alle Augenblicke aus den Händen. Dazu die Hitze und die Gasmaske auf dem Gesicht! Mein graues Kostüm und der schwarze Mantel klebten an mir, so lief das Wasser an meinem Körper hinunter. Das Kopftuch hatte ich verloren und die Haare hingen mir wild herum. Es waren qualvolle Stunden und immer ging's noch weiter. Mir war oft, als schlüge mir jemand in die Knie, so daß ich gleich hinfallen würde. Mit einem Mal hatte ich alle Mädels und Fräulein Trute verloren. Um mich waren nur Fremde. Jetzt konnte ich es erst erkennen, denn nun war nicht mehr schwarzer Qualm, sondern Flammen um uns. Ich lief weiter vorwärts. Da sah ich plötzlich Fräulein Trute mir entgegenkommen. Sie nahm mir einen Teil des Gepäcks ab und mich beim Arm und nun ging es besser. Die Maske hatte ich vorher schon vom Gesicht gerissen, denn ich bekam bei dem Laufen kaum noch Luft. Am brennenden «Haus der Technik» warteten die anderen auf uns. Aber da durften wir auch nicht stehenbleiben. So gingen wir bis in die Anlagen am Oberteich und legten uns auf den Rasen. Ich war wie tot. Doch bald mußte ich aufstehen, da mir in den nassen Kleidern kalt wurde. So standen wir alle am Oberteich und sahen dem grausigen Schauspiel zu. Die Stadt war ein Flammenmeer! Dauernd hörten wir Detonationen. Der erste Angriff war längst nicht so schlimm.

Vikarin Trute wollte nach dem Haus ihrer Eltern in Maraunenhof sehen und ging fort. Bald kam sie mit ihrer Schwester zurück, um uns zu holen. Ihr Elternhaus stand noch, wenn auch die Dachpfannen fehlten. Türen und Fenster waren herausgerissen. Wir bekamen jeder eine Portion Stachelbeeren und dann zu zweien ein Lager. Es war 5.30 Uhr. Aber wir konnten nicht schlafen. So standen wir um 7.30 Uhr auf und gingen zur Post, um die roten Karten auszuschreiben. Dann verteilten wir uns zu zweien und erledigten die nötigen Gänge. Da aber in der ganzen Stadt keine Straßenbahn mehr verkehrt und manche Straßen gesperrt sind, dauerte es sehr lange, ehe wir vorwärts kamen. Die Altstadt mit ihren historischen Bauten ist nicht mehr! Mittags war ich bei den Schwiegereltern auf den Hufen. Papa hatte sich schon aufgemacht, mich zu suchen und war noch nicht zurück. Ihr Haus hatte Dach- und Glasschäden. Viele Straßen sind vollständig zerstört, viele ganz gesperrt. Es sollen in dieser Nacht viele Menschen ums Leben gekommen sein. Hoffentlich geht es Tante Martha gut.

Der Hauptbahnhof ist noch heil, ebenso Ponarth und ein Teil der Hufen. Sonst sind alle Stadtteile stark zerstört. Viele Kirchen, mehrere Krankenhäuser, auch das Krankenhaus der «Barmherzigkeit» sind stark mitgenommen. Man kann nur immer wieder sagen: «In den öden Fensterhöhlen wohnt das Grauen!»

Am Nachmittag zogen wir dann nach dem Hauptbahnhof. Das war ein Gewimmel! Tausende waren unterwegs. Der Sommerhimmel war immer noch von Qualm und Aschenregen verdunkelt und die Sonne konnten wir nur ahnen. Um uns herum dieses Elend! Alte Menschen schleppten sich mit letzter Kraft vorwärts, und Mütter bemühten sich um ihre verstörten Kinder. Viele Bauern waren mit ihren Pferdefuhrwerken in die Stadt gekommen und nahmen Frauen und Kinder auf ihre Wagen. – Wir kamen mit Mühe und Not in einen Zug und landeten hier in Sorgenau (bei Fischhausen/Samlandküste) in einem Altersheim der Inneren Mission, das von zwei freundlichen Diakonissen betreut wird. Die lieben alten Menschen sind zusammengerückt, damit wir Platz fanden. Wir wohnen zu zweien in einem Zimmer und sind zufrieden und dankbar. Gestern haben wir noch am Abend in der See gebadet. Es war herrlich. Die Ruhe tut so gut. Wenn unsere ganze Habe nun in einem kleinen Koffer Platz hat, so ist doch die Hauptsache, daß wir noch am Leben sind. Dazu haben wir ein so gutes Quartier, ein gutes Bett und auch Essen. Nicht viele werden so gut untergebracht sein. Eben kam ein junges Mädchen aus Königsberg und erzählte, daß alle Menschen zum Abend die Stadt verlassen müssen und erst am Morgen wieder hinein dürfen. Nun, liebe Eltern, braucht Ihr Euch um mich nicht mehr zu sorgen. Dafür werde ich nun um Euch Angst ausstehen. Ich bitte Euch dringend, immer in den Keller zu gehen, wenn es Alarm gibt. Habt immer viel Wasser bereit, auch Essen. Dann aber die Koffer, die am wichtigsten sind, handbereit neben Euch. Für das Herauskommen aus dem brennenden Haus sind Minuten entscheidend. Packt bloß mit Überlegung und laßt den Garten lieber ein paar Tage liegen.

Nun Gott befohlen, meine lieben Eltern und herzliche Grüße von Eurer dankbaren Tochter Hildegard.

Anfang September 1944 war ich noch einmal in Königsberg, um nach dem Bruder meiner Mutter und seiner Familie zu suchen. Sie wohnten auf der Dominsel. Die Straßenbahn fuhr nicht mehr und so ging's vom Bahnhof zu Fuß. Doch Häuserschutt versperrte mir oft den Weg und ich brauchte lange, bis ich vor dem Haus meiner Verwandten stand. Auch hier gab es nur noch Ruinen. In den Kellern glühte noch der Koks und die Luft war von einem unangenehmen Geruch erfüllt. Weit und breit kein Mensch, den ich hätte fragen können. Mich packte das Grauen, und ich hastete weiter. Später bekamen wir Nachricht, daß die ganze Familie ein Opfer des Terrorangriffs geworden und unter Nr. sechstausendsoundsoviel begraben worden sei. *Hildegard Sturm*

38 *Blick zur Nordwestecke des Schlosses*

39 *Steindamm Ecke Poststraße*

Rasch und gründlich zerstört

Königsberg/Pr., Hornstr. 7
5. Oktober 1944
z.Zt. Rantau

Liebe Lieselotte Popp!
Zufällig war ich hier, als heute Ihr lieber Brief und die Bilder nach Rantau ankamen, aber bloß mal für ein paar Tage, da meine Elise den Verwandten bei der Kartoffelernte hilft. Sonst wohnen wir schon fast 14 Tage wieder in der Stadt, wir fuhren ja auch von hier immer raus und rein, nur war es zuerst mit vielem Fensterschaden und dem beizenden Qualm von gegenüber, dem langsam ausbrennenden Block in der Claassstraße und an den Ecken Hufenallee usw., eine Weile doch zu unerfreulich, und sehr gemütlich ist es auch jetzt nicht, wenn auch meine Arbeitszimmermöbel, die ich teilweise in einer Ausweichstelle in einer nun leider nötig gebrauchten Baracke in Cranz hatte, – etwas mitgenommen von dieser Sommerfrische, wieder daheim sind. Wir hatten nun mit Scheiben (denn der Nordwestwind braust schon ganz herbstlich!) und drei Tagen heizen es am Sonntag schon ganz leidlich warm und gingen dann am Nachmittag, als die Sonne schien, zum Abschiednehmen noch einmal nach Dom und Domplatz und vorher über die Laak. In den heruntergebrannten Speichern und am Münchenhof flackerte noch immer Feuer, auch in unserer Nähe flammt es noch öfters auf, auch riecht man überall noch den Dunst und Dampf der grß. notwendigen Sprengungen. Es ist wohl kaum eine Großstadt so rasch und so gründlich zerstört wie unser armes Königsberg. Selbst wenn man es öfters sieht, wagt man nicht seinen Augen zu glauben, denkt immer wieder, daß es doch nicht wahr sein kann, oder hält sich selbst im noch stehenden Haus für ein fabelndes Gespenst!

Daß Sie Rantau kennen und lieben, freut mich, für mich ist es eine der geliebtesten Landschaften. Ich wohne aber als Besuch nie mehr im Dorf, sondern, wenn wir mal rausfahren, bei Elisens Bruder und Schwägerin in der Siedlung, dicht an der Haltestelle Rantau–Pobethen der Kleinbahn Cranz–Neukuhren. Vom riesengroßen Flugplatz sieht man hier wenig, bloß vom Hügel eine ausgebrannte Kaserne (damit wir nicht vergessen, wie so was sich macht!) Ich genieße diese geschenkte Kartoffelwoche mit ihrer Ruhe sehr, wärme mich mit dem kleinen Teckel am braunen Herd und tippe, denn meine Maschine ist mitgewandert. Montag werden wir wohl zurückfahren. Morgen muß ich in die Stadt, und da werde ich diesen Brief einstekken. Die Züge sind übervoll und zum Nachmittagszug, der um 5.15 abgeht (und nach 8 Uhr abends hier ist!) muß ich spätestens halb vier Uhr auf dem Bahnhof sein, um einen Sitzplatz zu bekommen! Die meisten jungen Mütter sind aus den unheizbaren Notwohnungen nach Sachsen verschickt. Durfte Ihre Schwester in Rosehnen bleiben? Viele wohnen jetzt dort! Auch so auf der windumpusteten, baumlosen Dünenheide!
Im Zug trifft man oft die gleichen Menschen und sieht sie ankommen, am Abend – fast wie in fernen Ferienzeiten und sieht, wie die Häuschen eingerichtet werden, manche erst gedeckt. Auch in unserem Haus Hornstraße 7 sind mehrere Ausgebombte, die eine sehr nette Familie will sich auch ein Behelfsheim bauen, es gibt da auch Baubeihilfe und Material.
Wie wird Königsberg in zehn Jahren aussehen? Dann ist es genau 700 Jahre alt. Als der Turm der Neuroßgärter Kirche zusammenstürzte (über dem gottlob, aushaltenden großen Tiefbunker) brach der Turmknopf ab. Ein Herr hat die Bleirolle drin gerettet – man hielt sie für einen Kanister –, da kam in ganz erhaltenem Leinenstück die Urkunde vor, vom Mai 1644 – also genau 300 Jahre und drei Monate wurde die schöne Kirche. Die mit ihr damals am gleichen Tag vom Blitz getroffene Löbenichtsche Kirche ist jetzt auch mit ihr in gleicher Stunde vernichtet. Die Tragheimer soll wie die Maraunenhöfer nur sehr beschädigt sein. Es stehen noch die Haberberger Kirche, die kleine Steindammer, unsere «älteste» Nikolauskirche, die Luisen- und St.-Adalbert-Kirche auf den Hufen – und es steht, wenn auch beschädigt, noch der Schloßturm und unter ihm ein sehr beschädigter, nur halb vorhandener Südturm – (die Schloßruine ist unsagbar traurig, der Hof gesperrt) – der alte Kaiser Wilhelm mit aufgerecktem Schwert wie anklagend – und Bismarck, Herzog Albrecht und vor der verräucherten leergebrannten Universität Friedrich Wilhelm III. Auch Herzog Albrecht reitet noch im Giebel seiner Universität – bloß sein Roß hat einen Halsschuß. Im schaurig dunklen, verräucherten, ganz ausgebrannten Dom ist hinter der Altarwand eine Nische, da ist ein Teil Stuck fort, und es sieht vom Eingang genau aus wie ein riesiger Christus im weißen Kleid und rotem Überwurf, mit ausgerecktem Arm! Ich habe fast alles durchwandert, nur nicht Sackheim und Löbenicht, sie waren immer grade abgesperrt, wohl wegen Sprengungen, es dröhnte überall. Der Pregel ist noch wie Tinte, die mächtigen Pfähle wie verbrannte Streichhölzer, das Feuer ist immer hin und her drüber gebraust. Immer noch suchen die Menschen vermißte Angehörige! Aber von

vielen, vielen wird man nie wieder hören, auch alle Ämter sind ja vernichtet. Ganz hell sieht's im Westen aus von den Brücken, alle, alle Speicher, alte Fachwerkspeicher und neue, feste – sind ganz und gar fort! Zuletzt, ehe sie sanken, haben im Feuersturm noch alle Kirchenglocken geläutet, wirklich das Sterbelied. Liebe Lieselotte, ganz fremde Menschen und alte Soldaten haben geweint, sogar die Hamburger und Kölner. Aber ich kann es immer noch nicht.

Ich bin dankbar für die Tage hier, ich bin hier so gern. Auf einmal wird auch das Laub bunt, aber nicht so wie sonst, es war von der Dürre wie graugrünes Papier. Ich danke Ihnen sehr für die Bilder, die bleiben hier bei meinen Lieblingsbüchern!

Alles Gute für Sie und die Ihrigen hier und Fräulein Lachmann mit Ihnen viele herzliche Grüße von

Ihrer Agnes Miegel

Abschied von Königsberg

Es forderte zum Fackeltanze Dich,
Gekrönte Vaterstadt, der grimme Tod.
Wir sahn von seinem Mantel Dich umloht
Und hörten, wie bei Deiner Türme Neigen
Die Glocken sangen Deinen Todesreigen
Und sahen wie Dein Angesicht erblich.
Und sahen schauerlich
Den Pregel schwarz an den verkohlten Pfählen
Vorbei an leeren Hafenstraßen schleichen,
Und sahn, wie Opferrauch am Grab, die reichen
Schätze gesunkener Speicher qualmend schwelen.
Und sahen Deinen furchtbaren Freier Tod
Aus Deiner Gassen leeren Masken starren
Und durch den grauen Rauch stromabwärts fahren
Mit zuckender Beute auf verglühendem Boot.
So sahn wir Dich. Und sahn was uns gehört

Wie Mutter ihrem Kind, in stummer Klage,
Vom Schnee bestäubt, durch kalte Wintertage
Fremd um uns stehn, gespenstisch und zerstört.
Doch immer noch bedroht von Haß und Neid
Und immer noch in Deinem Witwenkleid
Von Deinem Feind mit Schwert und Sturm begehrt!
O Angesicht, so bleich und so verstört,
O Stadt, umtobt vom Kampf, durchwühlt von Leid, –
Wir wandern fort aus den zerstörten Gassen,
Doch wir wissen, die weinend Dich verlassen:
Wenn unsere Augen Dich nie wiedersehn,
Wenn wir vergehn
Mit unserem Blut, mit unserem Hab und Gut, –
Daß noch in Dir, o Mutter, Leben ist,
Und daß Du, Königsberg, nicht sterblich bist!

Agnes Miegel

40 *Blick zum Schloßturm, rechts das Löbenichtsche Realgymnasium*

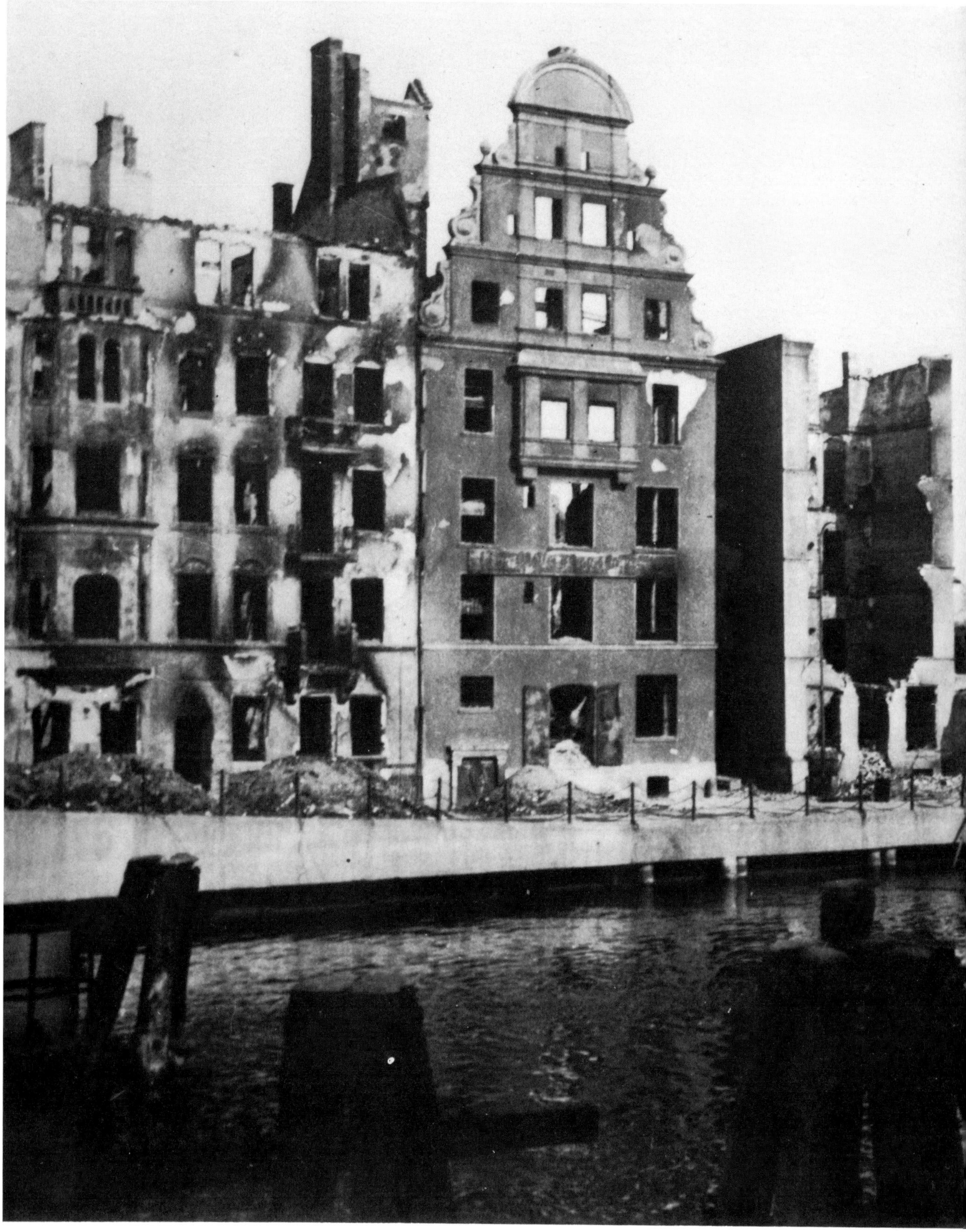

Hedwig von Lölhöffel

Ostpreußens Landgemeinden im Bombenkrieg – aufgezeigt am Beispiel Dorf und Gut Tharau/Kreis Preußisch Eylau

In unseren Dörfern und Gütern brauchte man Luftangriffe nicht zu befürchten. Ausnahmen bildeten die Gemeinden, die in der Nähe einer Stadt oder eines Flugplatzes lagen. Tharau (bekannt durch die Pfarrerstochter Anna Neander (Annke von Tharau 1619–1689) lag 18 Kilometer von Königsberg entfernt. Zum Militärflugplatz Jesau waren es 5 Kilometer Luftlinie. Die Gemeinde hatte etwa 750 Einwohner. Es gehörten dazu die Güter Tharau mit 3 Vorwerken, Gr. Bajohren mit einem Vorwerk, Ernsthof, Hasseldamm und Romlau, Tharau Dorf mit 21 Bauern- und Handwerkergehöften, Gasthaus, Fleischerei, abseits zwei Ziegeleien und acht Siedlungen.

Bauer Hübner war seit 1925 Bürgermeister. Ortsgruppenleiter und Ortsbauernführer waren zwei Landwirte, Kirche, Pfarrhaus und Schule standen nah am Gutshof Tharau.

Wir Tharauer waren wegen der Nähe von Königsberg und Jesau seit Kriegsbeginn auf Luftangriffe gefaßt. Als in den ersten Jahren nichts geschah, beruhigten wir uns. In Königsberg wurde bei einem kleinen Angriff zunächst nur ein Haus zerstört. Ausgerechnet war es das Haus, in dem ich mit meinen Eltern 6 Jahre gewohnt hatte: Hansaring 20 – zwischen den Eckhäusern Brahmstraße und Walterstraße, nah am Schauspielhaus. Als ich bald danach mit der Straßenbahn vorbeifuhr, war keine Ruine mehr zu sehen, aber eine beängstigende Lücke.

Im Frühjahr 1941 kam Einquartierung nach Tharau: ein Luftwaffenbaubataillon. Als der Krieg mit Rußland begann, blieb diese Truppe noch einen Monat bei uns und baute auf unsere Bitte zwei Luftschutzunterstände, einen auf unserem Hof, den anderen an den Insthäusern. Die Unterstände waren aus Holz, verliefen in Zickzackform und wurden mit Erde überdeckt.

Einstweilen brauchten wir sie nicht. Jesau wurde nicht angegriffen. Nur am Karfreitag 1943 wurden sieben Bomben auf unserer Viehweide beim Vorwerk Luisenhof abgeworfen. Das einzige Opfer war ein Hase. Auf Schonzeit hatten die Flieger nicht geachtet, und so gab es denn zum einzigen Mal zu Ostern Hasenbraten!

Erst im Jahre 1944 nahm die Luftbedrohung zu.

Kantor Paul Boldt, der die Tharauer Dorfschule leitete, erzählt in der Chronik von Tharau:

«Im Frühjahr dieses Jahres begann man mit der planmäßigen Räumung Königsbergs, die schon im August 1943 angekündigt und vorbereitet worden war. Bis Ende Juni 1944 betrug die Zahl der in unserer Gemeinde aufgenommenen Königsberger 72. In Tharau wurden aufs neue Luftschutzgräben angelegt, die im März fertig sein mußten. Die weithin sichtbaren weißen Gebäude erhielten grünen Tarnanstrich, der sich aber unter Einwirkung von Sonne und Regen in ein leuchtendes Gelb verwandelte.

Aus Teilen einer Sprengbombe vom Karfreitag 1943 fertigte der Schmied eine Luftalarmglocke. Sie wurde auf dem Lindenhügel vor der Kirche aufgehängt. Gärtnermeister Thiel machte allabendlich

41 *Nordseite des Kneiphofs*

seine Runde und achtete streng auf die Verdunklung aller Fenster.

In der Frühe des 27. August erlebte Königsberg seinen ersten Angriff durch englische Flugzeuge. Um 0.30 Uhr vernahmen wir ein starkes Grollen und wußten sofort, um was es sich handelte. In warmer Sommernacht stand über der Stadt eine große Zahl von «Tannenbäumen». Zahlreiche Scheinwerfer geisterten von verschiedenen Seiten über den Himmel, Phosphormassen stürzten fontaineartig herab, starke Detonationen und heftiges Flakschießen waren hörbar.

Als nach etwa einer Stunde der gräßliche Spuk ein Ende genommen hatte, war über der unglücklichen Stadt ein unheimlicher Feuerschein sichtbar.

Um 8 Uhr rückte ich mit einem Lösch- und Aufräumungstrupp der Ortsgruppe im LKW mit Anhänger nach der Riesenbrandstätte. Wir löschten und räumten zunächst in einem Hause auf dem Steindamm bei furchtbarer Hitze in mörderischem Rauch. Nach der Mittagspause fuhr unser Auto ganz langsam durch die Cranzer Allee. Da konnte man die verheerenden Wirkungen eines Luftangriffs und das unermeßliche Elend der Ausgebombten erleben. Nicht ein Haus in der langen Straße war unversehrt geblieben, eins wie das andere ausgebrannt oder zersprengt.

Völlig bestürzt kehrte ich heim, und unser Dorf erfuhr nun von dem Ungeheuerlichen, was sich in dieser Sommernacht in der Pregelstadt zugetragen, nichts davon vermutend, daß noch eine bedeutende Steigerung zu erwarten war. Was am 27. August geschah, war nur das Vorspiel zu der großen Tragödie am 30. August. Diese spielte sich von 1 bis 2 Uhr ab. Schwerste Detonationen ließen die Fenster unserer Häuser klirren und die Mauern beben.

Die meisten unserer Einwohner suchten draußen zwischen Bäumen und Sträuchern Schutz, wenn angreifende Flugzeuge über unserem Dorfe kreisten, andere zogen es vor, in den Häusern zu bleiben. Es waren Augenblicke schwerster Beunruhigung und Aufregung. Wie mag es erst den armen Menschen in den engen Kellern und überfüllten Bunkern der schwer heimgesuchten Großstadt zu Mute gewesen sein! Wiederum sah man, nachdem sich die Angriffe ausgetobt hatten, ein Feuermeer an dem Ort, wo einst unser geliebtes Königsberg gestanden hatte.

Gegen drei Uhr bestieg ich unseren Kirchturm und betrachtete bebenden Herzens das grandiose Schauspiel. Nach Sonnenaufgang stand über Königsberg eine ungeheure Rauchwolke und am nächsten Abend ein immer noch heller, ausgedehnter Feuerschein. Am Vormittag des 30. August ließ ich von den Schulkindern die über Tharau und seine Umgebung massenhaft herabgeworfenen Stanniolstreifen der feindlichen Flieger auflesen, um Viehschäden zu verhüten.

Alle Fuhrwerke der um Königsberg liegenden Kreise, auch noch von Heilsberg, wurden aufgeboten, um die vielen Zehntausende, die in dieser Nacht obdachlos geworden waren, abzuholen und unterzubringen. Tharau allein stellte 70 Wagen. Endlose Reihen von Fahrzeugen mit Menschen und Hausgerät beladen, strömten aus der verwüsteten Stadt hinaus in die Dörfer und Kleinstädte der Provinz. Tharau nahm noch 356 Gäste auf. Im Juli waren bereits Hunderte von Flüchtlingen aus den Grenzkreisen Stallupönen und Pillkallen gekommen.

Am 1. September fuhr ich mit meinem Schüler Klaus Lange per Rad zu dem Ort des Grauens und des Schreckens, wo noch vor wenigen Tagen zufriedene, arbeitsame Menschen ahnungslos wirkten und schafften. Für diese Greuel Worte zu finden, ist einfach unmöglich.»

Eine Woche nach dem Angriff schrieb ich an meinen Mann und seine Familie:

>Tharau, 6. September 1944
>Die letzten Tage und Abende waren so voller Arbeit und immer neuen Ereignissen, daß ich seit einer Woche an niemanden geschrieben habe. Also muß ich lange Atem holen und will gleich mehrere Durchschläge machen.

Vor einer Woche in der Nacht zum Mittwoch griffen die englischen Terrorflieger zum zweiten Mal Königsberg an. Wie am Sonntag zuvor waren wir alle auf und hörten, daß es diesmal noch schlimmer herging. Noch am Mittwoch sahen wir Feuer und schwarzen Rauch über der Stadt. Wir bekamen den Bescheid, daß wir 7 Leiterwagen schicken sollten.

Mittags fuhren die Wagen ab – die ganze Landstraße war voller Wagen –, alles fuhr nach Königsberg. Fernsprechverbindung war aus, Post kam keine, die Züge verkehrten nur bis zum Vorort. Näheres konnten wir noch nicht erfahren.

Nachmittags kamen Herr Kantor und Frau Bürgermeister Quartier machen. Sie sagten, es seien so viele ausgebombt, daß jeder den letzten Platz hergeben müsse, besonders unser Siebenfenstersaal müsse ausgenutzt werden.

Also stopften wir schnell Strohsäcke und bereiteten einstweilen die alte Eßstube und den Siebenfenstersaal vor. Abends wollte Herr Kantor mich anrufen, wenn sie kämen.

Unsere Leiterwagen kamen mit Möbeln und Hausrat beladen zurück, aber ohne Menschen. Ich wartete abends vergeblich auf den Anruf, und da die Flüchtlinge nicht zu kommen schienen, legte ich mich ins Bett.

Es kam aber doch jemand: Aus dem Saal hörte ich eine wohlbekannte Stimme: «Ich komme nur hier schlafen, ich habe Schreckliches erlebt!»

Es war Tante Maretta, die bei den Schwestern im Elisabethkrankenhaus genächtigt hatte, denn ihre Wohnung hat sie vermietet.– Dort erlebte sie den Angriff und half löschen, denn das Krankenhaus ist vollkommen heruntergebrannt. Von ihr erfuhren wir, daß die größten Teile der Stadt zerstört seien, Krankenhäuser, alle großen Geschäfte, fast alle Banken, viele Kirchen, darunter der Dom und das Schloß, Museen, Landeshaus und Regierung, die Stadthalle, ja, eigentlich alles an alten und neuen Bauten, was in Königsberg einen guten Klang hat.

Am Donnerstag fuhr Tante Maretta wieder nach Königsberg. Die «Leberblümchen-Herta», unsere Landdienstführerin, fuhr mit, um ihre Dienststelle zu suchen und auf Mimas Geheiß zu Agnes Miegel zu gehen und sich nach deren Verbleib zu erkundigen oder sie einzuladen.

Bei uns wurde tüchtig gearbeitet: Leberblümchen, Stallupöner Mädchen, alles mußte heran, um den Siebenfenstersaal in einen Korridor und drei Stuben zu verwandeln. Schränke und Bettschirme dienten als Wände. Zidorn und Michel kamen helfen.

Ich nahm im Hausflur meinen Webstuhl auseinander und stellte statt dessen Tante Lenes Truhe auf, in die wir die Sachen aus dem Pelzkasten einmotteten, damit die Königsberger Platz für ihre Sachen in den Truhen auf dem Siebenfenstersaal fanden.

Unterdessen trugen einige Männer mit Hilfe der Rendantin Ursel Matern und der Tochter des Oberinspektors, Annemarie Langer, die Möbel der Königsberger auf den Kornspeicher. Alle Sachen wurden aufgeschrieben. Es war rührend, was da alles gerettet worden war. Schauerliche Öldrucke, mottenfraßige Plüschmöbel, lose schmutzige Wäsche und Kleider, vielfach ohne Namen, alles durcheinander. Am Abend waren wir todmüde, aber immer noch zum Singen aufgelegt. Ich hatte den Hauptmann, der bei Pfarrers einquartiert ist, und den Leutnant von Stenzels-Ernsthof eingeladen, dazu Herrn und Frau Pfützenreuter aus Königsberg, Fräulein Ursel und Annemarie Langer. Im Gartensaal machten wir Musik. Der Leutnant, ein gut ausgebildeter Bariton, sang Schubertlieder mit Annemaries Begleitung, und mit ihm dankten wir alle der «holden Kunst, die uns den Himmel besserer Zeiten erschloß». Dann sangen wir vierstimmig «Innsbruck ich muß dich lassen» und andere Madrigale. Zuletzt ging alles hinaus. Vor dem Haus wehte der Wind und trieb die Wolkenfetzen über dem Speicher fort. Da kam der runde Mond hervor, und wir sangen mehrstimmig: «Der Mond ist aufgegangen» – «und lass uns ruhig schlafen . . .»

Wirklich gab es dann eine ruhige Nacht. Dafür aber am Freitag einen sehr unruhigen Tag. Herta war spät heimgekommen und berichtete uns morgens erschüttert von dem nicht mehr erkennbaren Königsberg. Sie hatte vergeblich sämtliche Dienststellen und Privatwohnungen der Landdienstführerinnen gesucht. Nichts von alledem stand noch. Aber Agnes Miegel hatte sie wohlauf gefunden, natürlich schwer betroffen durch die Zerstörung ihrer geliebten, vielbesungenen Heimatstadt.

Es gab viele Anrufer von Hübner und Martel (NSV), die uns zahlreiche Flüchtlinge ankündigten. Mima und ich beratschlagten hin und her, welche Stuben wir entbehren könnten. Wir kamen zu dem Ergebnis, wir müßten die Gartenseite behalten. Es tat uns besonders leid um Vater, der sein schönes Zimmer mit dem Fensterplatz aufgeben mußte. Aber Vater sagte, er sei froh, auch ein Opfer bringen zu können.

Mima räumte nun als erstes sämtliche Bücher in fünf große Kisten, damit die Einquartierten ihre Sachen in unseren alten Glasschränken verstauen konnten.

Der Gartensaal wurde schnell umgestaltet: Links am Fenster neben unserer Stube Vaters Leseecke, daneben vor dem Spiegel unser Eßtisch, vor dem Sofa Helmuts Laufställchen, in der entgegengesetzten Fensterecke Mimas Schreibeplatz. Am Nachmittag – wir hatten noch gar nicht die beiden Zimmer ausgeräumt – kamen unsere 15 Leiterwagen, die morgens nach Königsberg gefahren waren, auf den Hof. Herr Hübner war dabei – hier und da hielten Wagen, weit auseinander. Wahllos luden die Leute vor allen Türen Möbel ab. Ich bat Herrn Hübner, die Sache zu organisieren oder erst mal die Leute zusammenzurufen. Aber es ging ihm nicht besser als mir. Eine Familie nach der andern stieg vom Wagen, drang in unser Haus und bat um ein Zimmer. Andere waren noch weit hinten, ich konnte die Leute gar nicht übersehen, wußte auch nicht, wie viele kamen, konnte gar nicht über die Zimmer disponieren. Aber Hübner konnte das auch nicht. Der ganze Platz vor dem Haus stand voller Möbel, Wannen, Pungel, Betten, Bilder. Leute erschienen mit Hunden und Katzen, und Mima schubste die ersten die Treppe herauf, wies mehrere Familien, die sich alle untereinander kannten, nämlich 5 Frauen mit je einer oder zwei großen Töchtern und je einer Oma in die drei Stuben des Siebenfenstersaales. Zwei weitere Familien mit Kindern und einem Hund schubsten wir in die alte Eßstube. Damit war alles, was wir bis dahin vorbereitet hatten, besetzt, aber die Frauen und Omas strömten nur so ins Haus. Diese und jene brachte Hübner bei unseren Leuten unter. Der ganze Hausflur war aber immer noch besetzt, und eine junge, nett aussehende Frau mit einem Mädelchen und einem Säugling bat mich händeringend um eine Stube und Kochgelegenheit. Der Säugling habe heute noch nichts bekommen. Ich meinte, sie müßten wegen der Stube noch

warten, bis wir alles übersehen könnten, aber dem Kleinen würde ich ein Fläschchen wärmen.
Ich ging in die Küche und kochte ihm etwas, und als Tante Lene in den Gartensaal kam, wunderte sie sich, daß mein Helmut, dem ich das Fläschchen gab, auf einmal so anders aussah.
Unterdessen wurden die Möbel in Haus, Ställen und Scheunen untergestellt. Wir stellten fest, daß noch vier Familien und einige einzelne Omas Unterkunft brauchten.
Erst einmal mußten wir die nette junge Frau mit dem Säugling namens Manfred unterbringen. Auf Mimas Vorschlag zogen sie einstweilen in das kleine Zimmer neben unserm Saal.
Nun wurde es dunkel. Die NSV brachte Brote und Milch aus der Wittenberger Meierei, die Leberblümchen deckten im Hausflur eine lange Tafel und halfen beim Essenausteilen, Erna Arbeit erschien mit den Tharauer Mädeln zum Helfen. Als dann alle bei Tisch saßen, begrüßten wir sie mit dem Lied «Annke von Tharau»
«Käm allet Wetter gliek ön ons to schlan,
wi sönn gesönnt, bieenander to stahn».
Für alle, die noch keine Stube hatten, wurde im Flur ein Lager gemacht. Ihr könnt Euch gar nicht vorstellen, wie es bei uns aussah. Überall standen Kisten und Kasten, lagen Säcke und Betten, kaum durchzukommen!
Sonnabend früh rief Herr Hübner an, ich sollte eine Gemeinschaftsküche einrichten und gleich Essen kochen lassen. Er gab einen großen Kessel, aber unsere Waschküche war bis oben voll Möbel gestopft, die einer tauben Oma mit einem großen Hund gehörten. Also schnell alle Möbel raus, und die Oma zog zu Langers. Ein Mädel fuhr zum Fleischer, es fanden sich einige nette Frauen, die mit Kochen begannen, aber das ging das erste Mal nicht so schnell und um 4 Uhr nachmittags hatten wir glücklich Mittag.
Ich war recht verzagt, denn erst einmal ging alles durcheinander, und ich beraumte dieserhalb am Nachmittag eine Versammlung an. Im Hausflur erschienen alle, ich schrieb die Namen auf, und beriet über Einkaufen, Kochen, Lebensmittelkarten, Ämterverteilung und andere Dinge. Wir wurden uns schön einig, und mittendrin erschien noch Frau Else Stenzel aus Ernsthof und gab ihren Senf dazu. Sie war recht befriedigt, daß ich die Frauen «einschwunkte», und ich war nun wieder getröstet.
Neben dem allen kochte ich gemeinsam mit der jungen Frau für unsere beiden Jungchen, denn meine treue Helferin Lenchen Zidorn war zehn Tage bei ihrem verwundeten Mann in Allenstein.
Auch Sonntag vormittag gab es viel Arbeit. Dazwischen lange Unterredungen. Die junge Frau mit dem Mädelchen zog los, und wir beschlossen mit Tante Lene, daß sie mit Manfreds Mutter die Stuben tauschte. Montag wurde umgeräumt: Tante Lene zog herunter ins weiße Stübchen zwischen Gartensaal und Irm, wo Tante Lene wenig Ruhe hat, weil alles durch muß.
Währenddessen kramte Mima die Stuben auf der Hofseite aus. In der Bibliothek hinter den Möbeln, die alle zu Ursel Matern hineingeschoben wurden, kam Schwamm zum Vorschein, so daß heute der Maurer hinein mußte, während die Vorderstube schon bewohnt wird. Als nun Montag nachmittag gerade die Therese die verschimmelten Dielen zerhackte und ich mit den Familien in der Eckstube noch allerlei beratschlagte, hörte ich eine bekannte

42 Ostpreußische Mundartdichterin Erminia von Olfers – genannt Mima – vor dem Gutshaus Tharau

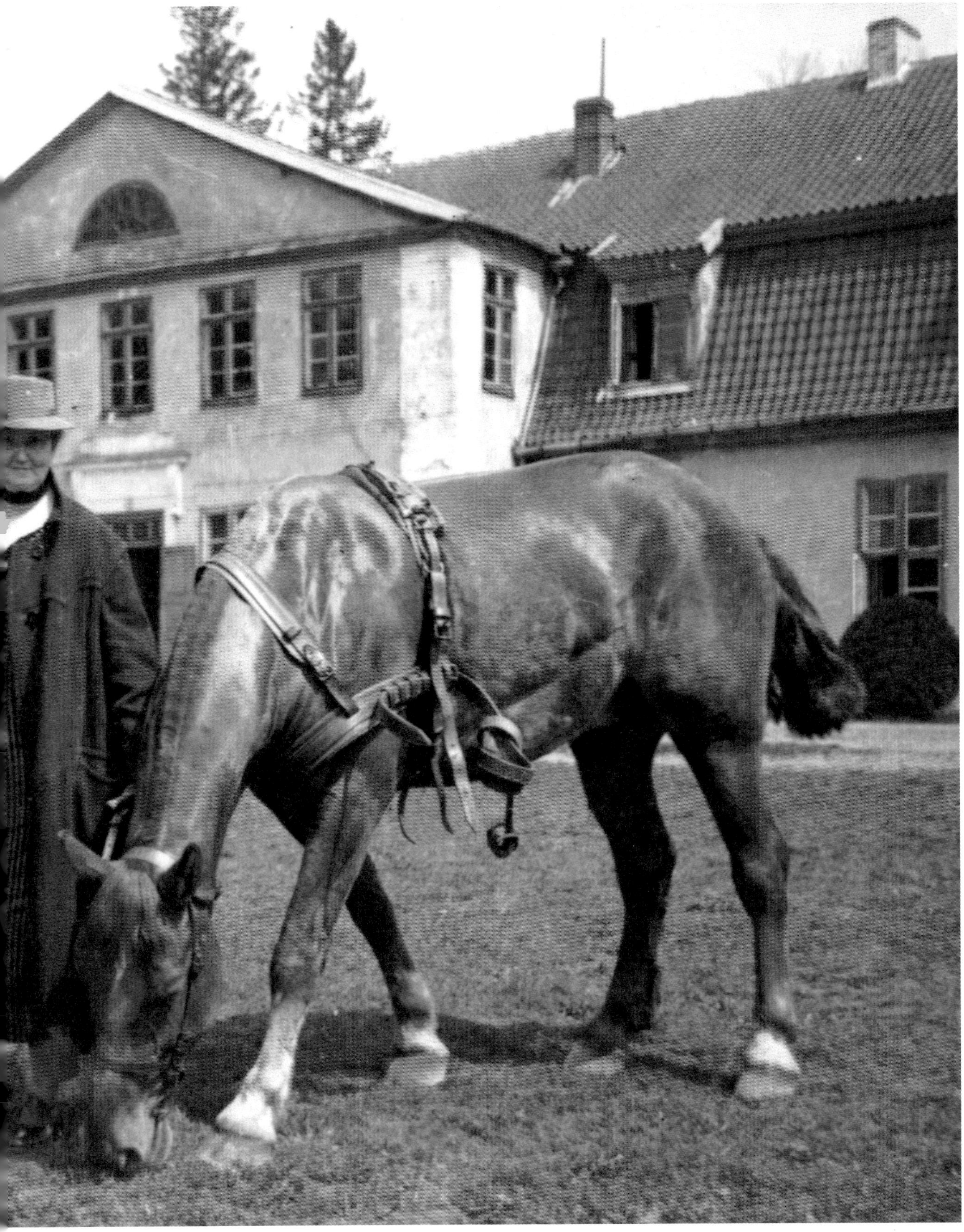

Stimme aus dem Flur: «Hedwig, ich bringe dir mein letztes Hab und Gut auf dem Fahrrad.»

Vor mir stand Bezirksjugendwartin Traute Matzath in Windjacke und Skihosen. Sie erzählte, alles sei ihr verbrannt, aber ihre besten Sachen, nämlich ihre Geige, ihr Fahrrad und ihren masurischen Teppich habe sie gerettet und sei darüber restlos glücklich. Sie sei am Stadtrand untergekommen und arbeite weiter bei der Regierung, die in Ratshof in der Kunstakademie untergebracht sei. Sie gab mir den wundervollen Teppich in Verwahrung, kam mit in den Saal, aß sich tüchtig satt und erzählte von der Brandnacht und den Zerstörungen. Einzelne Häuser brennen heute noch. Sie sagte Herta, wo sie ihre Dienststelle finden könnte, freute sich über Helmut und strampelte wieder nach Königsberg.

Traute ist in Masuren zu Hause und sagte, sie habe Königsberg nie geliebt, aber jetzt liebe sie es! Ein Zeichen, wie uns Not und Gefahr an ein Land, eine Stadt oder an Menschen binden können. Dienstag wieder eine Versammlung, bei der wir alle Mängel durchsprachen und einen festen Küchenzettel aufstellten. Es läßt sich mit den Frauen gut auskommen. Sie wohnten alle in Königsberg auf dem Unterhaberberg, sehen einfach und verarbeitet aus, aber ihre Töchter alle elegant mit Lockenfrisuren. Die Mütter sind stolz, daß sie schwer gearbeitet haben, damit die Töchter «es besser haben». Und nun? Hab und Gut zerstört, und die feinen Töchter arbeiten bei uns auf dem Gemüsefeld – geschickt und ohne zu stöhnen. Aber diese Woche sollen die Königsberger Behörden und Geschäfte wieder in Gang kommen. Ich will bald mal mit dem Fahrrad hin.

Die Stallupöner Flüchtlinge wurden in großen Transporten nach Sachsen evakuiert. In die leer gewordenen Stuben des Gutshauses Tharau zogen Familien von einem Treck des Trakehner Vorwerks Kattenau. Sie vertrugen sich gut mit den ausgebombten Königsbergern.

Tharau, 27. Dezember 1944

Wir sind nicht mehr so viele wie im Herbst. Von den Kattenauern sind etliche mit Transporten «ins Reich» gefahren, die Königsberger in ihre Stuben gezogen, so daß der kalte Siebenfenstersaal nun leer ist. Sonst ist alles voll, und wir sind im Hause 73 Personen.

Die Landdienstmädel haben Urlaub, einige Kattenauer fuhren weg, so waren wir am Heiligen Abend 50 Personen bei uns im Gartensaal. Zum Glück hatte ich in Erika Zidorn gute Hilfe. Unser Weihnachtsbaum wurde sehr schön, Erika aß bei uns Mittag, wir übten Musik, ich machte Helmut fertig, mit dem Mima dann durch die Vorwerke fuhr, um den alten Leuten bunte Tüten zu bringen. Unterdessen bauten wir auf und wurden zeitig fertig, aßen früh Abendbrot und räumten den langen Eßtisch ab, um für die vielen bunten Teller, Spielzeug und Kinderkleider (aus Mimas Theaterkostümen schnell genäht) für Königsberger und Kattenauer Platz zu haben. Schnell wurden unsere Instrumente gestimmt – um 7 Uhr standen alle Hausgenossen im Flur, Erika geigte «Ihr Kinderlein kommet», ich flötete dazu, und dann gingen wir spielend durch ein Spalier im Hausflur, die letzten polterten die Treppe herab, Kinder liefen hinter uns her, Türe auf – und wir alle zogen in den Saal ein, geradewegs auf den Lichterbaum zu. Bis sich alle gesetzt oder gestellt hatten, spielten Erika und ich unsere Eingangsmusik, dann «Es ist ein Ros' entsprungen». Alle sangen mit, auch Männerstimmen waren dabei.

Bürgermeisters aus Kattenau kamen zu spät und ließen ihre beiden Hunde mit herein, was die Feierlichkeit etwas unterbrach und Lenchens kleinen Gerhard sehr erfreute.

Drei Kinder sprachen Gedichte, Erika und ich flöteten einen Bach-Satz, dann las ich ein Gedicht, das ich schnell geschrieben hatte – Betrachtung des Dürerschen Holzschnitts «Ruhe auf der Flucht». Nach dem letzten Lied holte ich die Königsberger und Kattenauer an den Eßtisch zum Empfang ihrer bunten Teller und der von Mima selbst gemachten Gaben.

Einen Monat später rüsteten wir selber zur Flucht. Von unseren Königsberger Hausgenossen habe ich nie wieder etwas gehört.

Allenstein

Allenstein, RegBez. der Prov. Ostpreußen, umfaßte in 10 Kreisen mit 11 520 km² und (1939) 568 000 Einw. das südl. Ermland und Masuren. Bäuerl. Ackerbau, Viehzucht, Fischerei und Forstwirtschaft in Staatsforsten beherrschten das wirtschaftliche Bild.

Allenstein, ehemalige Hauptstadt des RegBez. und Kreisstadt in Ostpreußen, mit (1939) 50 400 meist kath. Einw., am rechten Ufer der Alle, vor einer Hügelpforte, die den W- und O-Flügel des Masur. Höhenrückens in 150 m Höhe trennt. Alleinstein hatte sich zu einem wichtigen Verkehrsknoten und zum wirtschaftl. Mittelpunkt des südl. Teils Ostpreußens entwickelt und war bis 1944 Sitz vieler Behörden, Banken, Handels- und Genossenschaftszentrum; hatte vielseitige landw. Verarbeitungs- und Maschinenind., höhere Schulen. 1348 wurde die Burg Allenstein gegr., der um sie entstehende Ort erhielt 1353 Stadtrecht. Allenstein kam 1466 unter poln. Oberhoheit, 1772 an Preußen. In der überwiegend neuzeitlich wirkenden Stadt die kath. Pfarrkirche St. Jakobi (spätgot. Ziegelbau), das z. T. gut erhaltene bischöfl. Schloß mit Innenhof und Annenkapelle. Im Zweiten Weltkrieg wurde Allenstein teilweise zerstört; es kam 1945 unter poln. Verwaltung (Olsztyn).

Aus: Der Große Brockhaus, 16. Aufl., 1952–1957

Der letzte D-Zug

Am 19. und 20. Januar 1945 führte der Russe heftige Fliegerangriffe auf die Stadt Allenstein aus. Der Bahnhof und die Bahnhofstraße bis zur Kaiserstraße waren das Ziel des Angriffs. Gleich beim ersten Angriff am 19. Januar wurde die Sprang'sche Bierquelle von einer Sprengbombe getroffen. Der Giebel des Hauses Nr. 47, in dem ich wohnte, wurde durch den Einschlag der Bombe stark aus der Senkrechten gebracht. Einige Sekunden später ging eine Brandbombe auf den Hof des Nachbargrundstücks nieder. Die Glasscheiben flogen in Splittern aus den Fenstern. Durch das Feuer der Brandbombe waren die Glassplitter goldig erleuchtet, und es war, als ob ein Goldregen niederging. Ich stand mit meinem Koffer noch in meiner Wohnung und sah das schaurig-schöne Bild des Goldregens aus nächster Nähe und dann ging's in größter Eile in den Keller zu den anderen Hausbewohnern. Bei weiteren Angriffen wurden auf den Bahnsteigen des Hauptbahnhofes über 30 Personen mit Bordwaffen erschossen. Auch wurde der neue Gasbehälter an der Ortelsburger Bahnstrecke getroffen und vernichtet. Eine dicke Rauchwolke lagerte eine Zeitlang über der Stätte des Unglücks. Der erste Bau zu dem neuen Gaswerk, das dort errichtet werden sollte, war vernichtet.

Am Sonnabend, dem 20. Januar, waren die Fliegerangriffe noch stärker und häufiger, so daß die Bewohner der Stadt wenig aus den Kellern und Bunkern herauskamen. Eine große Anzahl von Stadtbewohnern, besonders Frauen und Kinder, verließ Allenstein, um im Reiche Ruhe und Unterkunft zu suchen. Es wußten nur wenige, daß die Gefahr für die Stadt schon so nahe war, zumal auch die Behörden am 19. Januar noch nicht die Ausstellung der sogenannten Fliegerscheine als Ausweis für Flüchtlinge gestattete. Nach den letzten Fliegerangriffen entschlossen sich viele zur Flucht. Die Bahnhofshalle war überfüllt und die Fahrkartenschalter dicht belagert. Mit längerer Verspätung ging der letzte D-Zug um 8 Uhr abends.

A. Funk (Aus: «Geschichte der Stadt Allenstein»)

43 *Altes Rathaus*

44 *Kaiserstraße*

Ständiger Fliegeralarm

In der Stadt Allenstein konnte sich die Zivilbevölkerung vom Beginn des Krieges an eines ruhigen Tagesablaufes erfreuen, bis Mitte Dezember 1944 die ersten russischen Spreng- und Splitterbomben fielen. Morgens um etwa 9 Uhr ging ich zum Bahnhof, um noch ein Paket an Verwandte abzuschicken. Ich hatte eben das Bahnhofsgebäude verlassen und befand mich auf dem Bahnhofsvorplatz, um in die Straßenbahn einzusteigen, als aus heiterem Himmel, ohne daß Fliegeralarm gegeben worden war, ein oder zwei Bomben auf die Güterabfertigung fielen. Wie ich nachher hörte, hat es einige Tote gegeben. Die Straßenbahn fuhr sofort mit mir als einzigem Fahrgast ab. Ich stieg am Büro der Firma F.W. Grzybeck, Holzgroßhandlung, aus, um dort zu arbeiten. Zum Arbeiten bin ich an diesem Vormittag jedoch nicht gekommen, weil Fliegeralarm war und ich mit Kolleginnen im Keller in der Kaiserstraße saß. Wir hörten irgendwo in der Stadt noch Bomben fallen. Als ich mittags nach Hause ging, waren die Bürgersteige in der Kaiserstraße und Bahnhofstraße mit Glassplittern übersät. Zu Hause, wir wohnten in einer reinen Wohngegend zwischen dem Bahnhof und der Cambrai-Kaserne, war auf der anderen Straßenseite unserer Wohnung in der Händelstraße eine Bombe auf einen freien Platz gefallen. Außer einem großen Trichter und zerbrochenen Fensterscheiben hatte sie keinen weiteren Schaden angerichtet. Meine Mutter, die gerade am Herd gestanden hatte, um das Mittagessen zu bereiten, war von dem Luftdruck umgeworfen worden. Bis Weihnachten blieb es dann ruhig. Die Stadt schickte Glaser und ließ in der ganzen Umgegend sämtliche zerbrochenen Fensterscheiben wieder einsetzen. Wir konnten noch das letzte friedliche Weihnachtsfest zu Hause in Allenstein verleben. So um den 18./19. Januar rückte die Front in Rußland (Baranow-Front) beängstigend näher. Niemand konnte per Bahn ohne Fahrkarte die Stadt verlassen. Der Kreisleiter Schiedat hatte die Parole ausgegeben, es stünden im Bedarfsfalle genügend Züge bereit, um die Bevölkerung zu evakuieren. Es war allerhöchste Zeit, meine alten Eltern (mein Vater 80 Jahre alt, meine Mutter 72 Jahre alt, herzkrank und gehbehindert) aus der Stadt heraus zu bringen. Deshalb ging ich morgens los, um Fahrkarten zu kaufen. Zwei Schalter waren nur geöffnet und davor standen lange Schlangen. Es gab dauernd abwechselnd Fliegeralarm und Entwarnung. Bei Alarm rannte ich zusammen mit den anderen Leuten in einen Unterstand der Gärtnerei Fuchs gegenüber dem Bahnhof und zurück an die Schalter, sobald Entwarnung gegeben wurde. Ich konnte keine Fahrkarten bekommen – inzwischen waren die Schalter geschlossen – als mein Blick auf den Automaten für Bahnsteigkarten fiel. Für alle Fälle zog ich Bahnsteigkarten. Dies wurde unsere Rettung. Es war gerade Entwarnung und ich begab mich auf den Nachhauseweg. Als ich mich auf der Brücke über den Eisenbahngleisen befand, sah ich, daß ein Tiefflieger die Bahnsteige hinter dem Bahnhofsgebäude beschoß. Außer mir waren noch drei Personen auf der Brücke. Wir warfen uns auf den Boden. Das Flugzeug raste heran, der Russe schoß, traf zum Glück niemand von uns. Dann sprangen wir auf und rannten auf das Eckhaus zu, in dem sich ein Metzgerladen befand. Gerade hatte ich die Haustür zugeschlagen und stieg die Treppe zum Keller

45 *Neues Rathaus*

46 *Schloß, vorn im Bild die Alle*

47 *Hauptbahnhof*

hinunter, als eine Feuersalve draußen an die Hauswand prasselte. Der Keller war voller Menschen, darunter viele junge Frauen. Sie waren morgens aus dem Haus gegangen, um Fleisch einzukaufen und hatten ihre kleinen Kinder allein zu Hause zurückgelassen. Sie weinten vor Angst, denn jetzt war es bereits Abend.

Auch am anderen Tag gab es ständig Fliegeralarm. Tiefflieger flogen über die Straßen und schossen in die Fenster der Wohnhäuser. Auch in unserer Wohnung waren wieder die Fensterscheiben entzwei. Wir konnten wegen der Kälte nicht mehr in der Wohnung bleiben und gingen spätabends zu einer Bekannten auf dem Germanenring am anderen Ende der Stadt, wo es ruhig geblieben war.

Mit den Bahnsteigkarten konnten wir am anderen Morgen, es war Sonntag, der 21. Januar 1945, durch die Sperre gehen und um 8 Uhr trotz des Ansturms auf den Zug in ein Abteil einsteigen. An diesem Morgen herrschte dicker Nebel, so daß kein russischer Tiefflieger auftauchte.

So verließen wir unser schönes Allenstein.

Die Eisenbahnverwaltung tat alles, um die Bahnstrecken befahrbar zu halten. Spätabends und in der Nacht wurden die zerschossenen Schienen repariert bzw. geschweißt. *Gertrud Ziebarth*

Bomben auf Allenstein

Ich komme aus dem Ort Schönwalde, 5 km südlich von Allenstein und war vom Sommer 1941 bis zum Russeneinmarsch 1945 Schüler des staatlichen Gymnasiums in Allenstein. Ich wohnte in Pension bei einer Lehrerin im Musikerviertel, unweit des Hauptbahnhofs. Bis zum Sommer 1944 gab es trotz einzelner Alarme keine Angriffe auf die Stadt. Der erste Angriff erfolgte im Sommer 1944 nachts durch wohl nur ein einzelnes Flugzeug. Getroffen wurde ein Haus im Musikerviertel. In derselben Nacht fielen auch Bomben in dem Dorf Klaukendorf, 8 km südlich von Allenstein. Wie man erzählte, galten sie einem Zug auf der Strecke Ortelsburg–Allenstein. Ebenfalls im Sommer 1944, und zwar im August, hat ein großer Verband von viermotorigen Bombern mit Jagdfliegern von Westen nach Osten das Kreisgebiet überflogen. Es waren U.S.-Flugzeuge. Sie warfen keine Bomben und wurden auch nicht beschossen.

Der erste große Bombenangriff war am Freitag, dem 19. Januar 1945, früh um acht Uhr. Bei dem Angriff wurden der Hauptbahnhof und einige Straßen in der Nähe getroffen. Doch der Bahnhof blieb funktionsfähig. Nach dem Angriff verließ ich die Stadt und ging zu den Eltern nach Schönwalde. Unterwegs traf ich die Feuerwehr aus Schönwalde, die nach Allenstein alarmiert war, auch meinen Vater, der in großer Sorge war. Am Samstag, dem 20. Januar 1945, wurde Allenstein wieder von Jagdbombern fast den ganzen Tag über

48 *Am Kriegerdenkmal*

angegriffen. Mit Bordwaffen und Bomben. Dabei ging auch der große neue Gasometer östlich der Stadt in Flammen auf. Die Anflüge kamen immer aus westlicher Richtung vom Krankenhaus in Richtung Hauptbahnhof. Ich war wieder in Allenstein und habe einige Angriffe erlebt, war aber auf der Westseite der Stadt, die kaum getroffen wurde. Die deutsche Luftabwehr war schwach. Die Luftwaffe trat nicht in Erscheinung. Flakgeschütze waren nur wenige leichte vorhanden (2 cm; 3,7 cm). Die schweren Geschütze, die Anfang des Krieges südlich und östlich der Stadt gestanden hatten, waren abgezogen worden. Am 20. Januar 1945 sah ich, wie ein Jagdbomber abgeschossen wurde.

Ernst Langkau

Rette sich, wer kann

In der Nacht zum 19. Januar 1945 hatten wir zweimal Alarm. Gegen Morgen erst kamen wir aus dem Luftschutzkeller herauf. Es war Freitag, der 19. Januar 1945, um 8.30 Uhr weckte mich meine Mutter, wieder gab es Alarm. Ich überlegte Sekunden, was zu tun wäre und hörte sogleich Motorengeräusch. Impulsiv handelte ich: Raus aus dem Bett, Mantel über (leider war es der schlechteste), Holger ins Oberbett gelegt, mit Kopfkissen bedeckt, meine und seine Kleider dazu. Schnell trug ich ihn in den Keller. Zum dritten Mal lief ich in die Wohnung, um Koffer und Taschen zu holen. Doch dazu kam es nicht mehr. Ein furchtbares Krachen erfüllte die Luft. Ich war gerade im Flur und wurde in eine Ecke geschleudert. Als ich zu mir kam, sah ich nur Staub. Mutter wurde in die Küche geschleudert, denn sie wollte die Flasche für Heidi holen. Nun machten wir, daß wir in einer Pause herunterkamen. Der Schreck war groß. In der Entwarnung brachte ich Mutter und die Kinder in die Schule, die Lazarett war. Dann mußten die noch zu rettenden Möbel herausgetragen werden, denn die Wände waren gerissen, und es bestand für unsere Seite Einsturzgefahr. So hatte ich voll zu tun zwischen den Alarmen. Abends bekamen wir in der Hermann-Göring-Straße eine Notwohnung. Unsere Möbel kamen nach der Wadanger Straße in eine stillgelegte Bäckerei. Am nächsten Tag (20. Januar 1945) mußte ich erst um die nötigsten Lebensmittel fechten gehen, denn wir standen ohne Geld da. Unsere Taschen wurden auch verschüttet, mithin habe ich keine wichtigen Papiere gerettet. Nach dem zweiten Alarm am Sonnabend ging ich erst zur NSV, um eine Bescheinigung zur Ersatzbeschaffung der Lebensmittelkarten zu bekommen. Dann gab ich noch ein Telegramm an meinen Bruder auf. Durch die ewigen Alarme kam ich erst am Abend gegen 6 Uhr zu meinen Lebensmittelkarten und hörte auf der Stadtverwaltung ein Telefongespräch: «Russische Panzer bewegen sich auf Allenstein zu, rette sich, wer kann!» Im Eilmarsch ging's nach Hause, dann noch zu Bekannten, um ihnen Bescheid zu sagen. Danach rannte ich wieder in unsere Notunterkunft, trocknete Windeln und packte unsere wenigen Habseligkeiten ein. Früh gegen 3.30 Uhr, es war Sonntag, der 21. Januar 1945, gingen wir zum Bahnhof und erreichten einen Zug, der um 6.30 Uhr nach Marienburg fuhr.

Hildegard Sturm

49 *Marktplatz mit evangelischer Pfarrkirche*

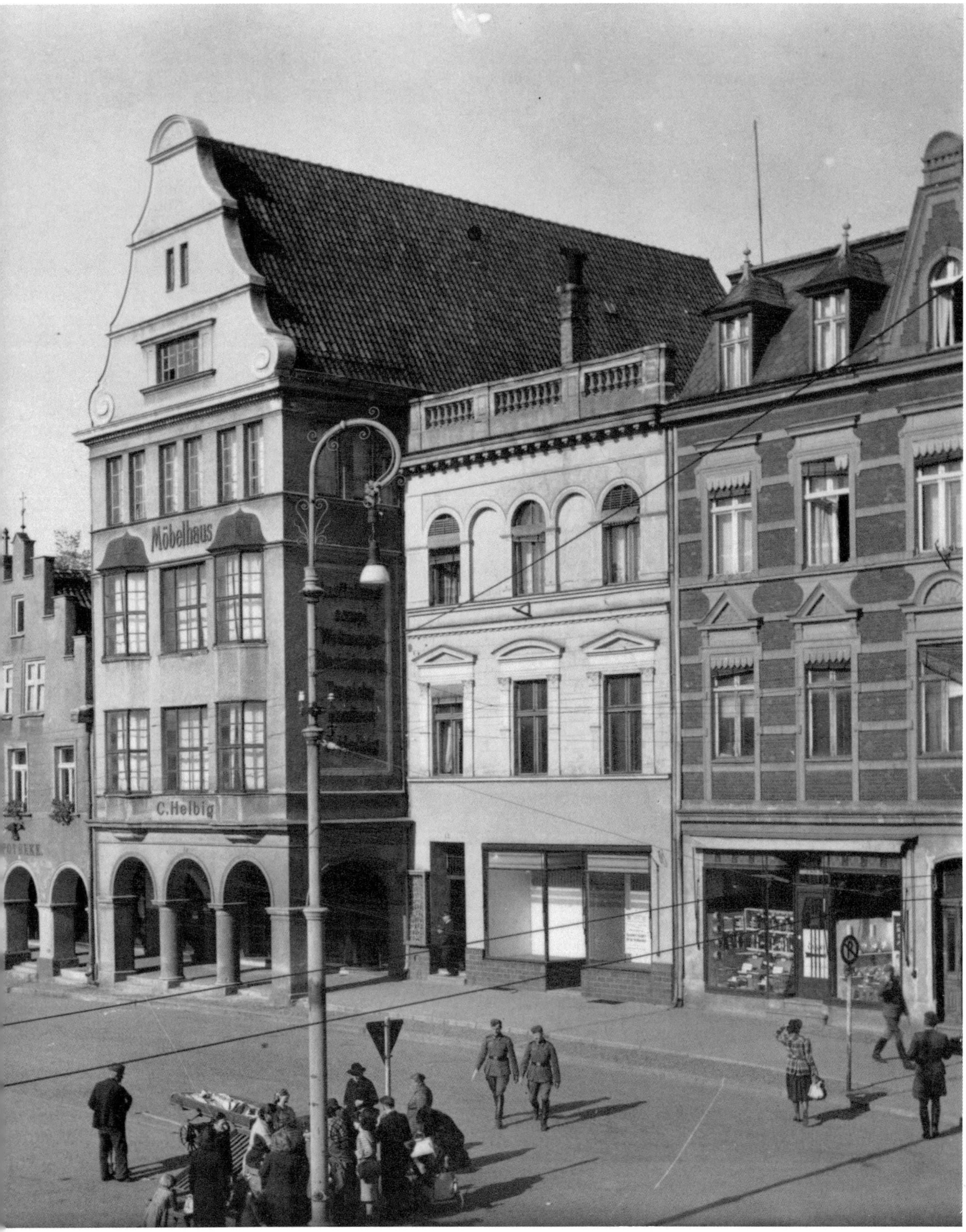
Möbelhaus
C.Helbig

50 *Zeppelinstraße*

52 *Garnisonkirche*

51 *Oberstraße und Hohes Tor*

53 *Am Langsee*
54 *Blick zum Schloß*

Braunsberg

Braunsberg, ehem. Kreisstadt im RegBez. Königsberg, Ostpreußen, Hauptstadt des Ermlandes, an der Passarge, 8 km oberhalb ihrer Einmündung ins Frische Haff, mit (1939) 21 100 meist kath. Einw. Die Passarge teilt Braunsberg in Alt- und Neustadt. Die Stadt war Sitz von Gerichts- und Finanzbehörden, hatte seit 1818 eine kathol. theolog.-philosoph. Akademie, hervorgegangen aus dem 1568 von dem Kardinal Bischof Hosius gegr. Jesuitenkolleg, bischöfl. Priesterseminar, höhere Schulen, 2 Museen, 4 Krankenhäuser und landwirtschaftl. Verarbeitungsindustrie. – Kath. Pfarrkirche (2. Hälfte des 14. Jahrhunderts), sechsjochige Hallenkirche mit quadrat. Westturm. – 1241 wurde die Deutschordensburg Braunsberg erbaut, 1255 die Stadt gegr. und 1284 mit Lübischem Recht beliehen, sie war Mitglied der Hanse. 1466 fiel Braunsberg durch den 2. Thorner Frieden mit dem Ermland an Polen, 1772 kam es bei der 1. Teilung Polens an Preußen. 1945 wurde die Altstadt durch Artilleriefeuer und Brand größtenteils, einschl. der Pfarrkirche, zerstört. – Seit 1945 unter poln. Verwaltung (Braniewo Woiwodschaft Gdańsk).

Aus: Der Große Brockhaus, 16. Aufl., 1952–1957

55 *An der Oberpassarge*

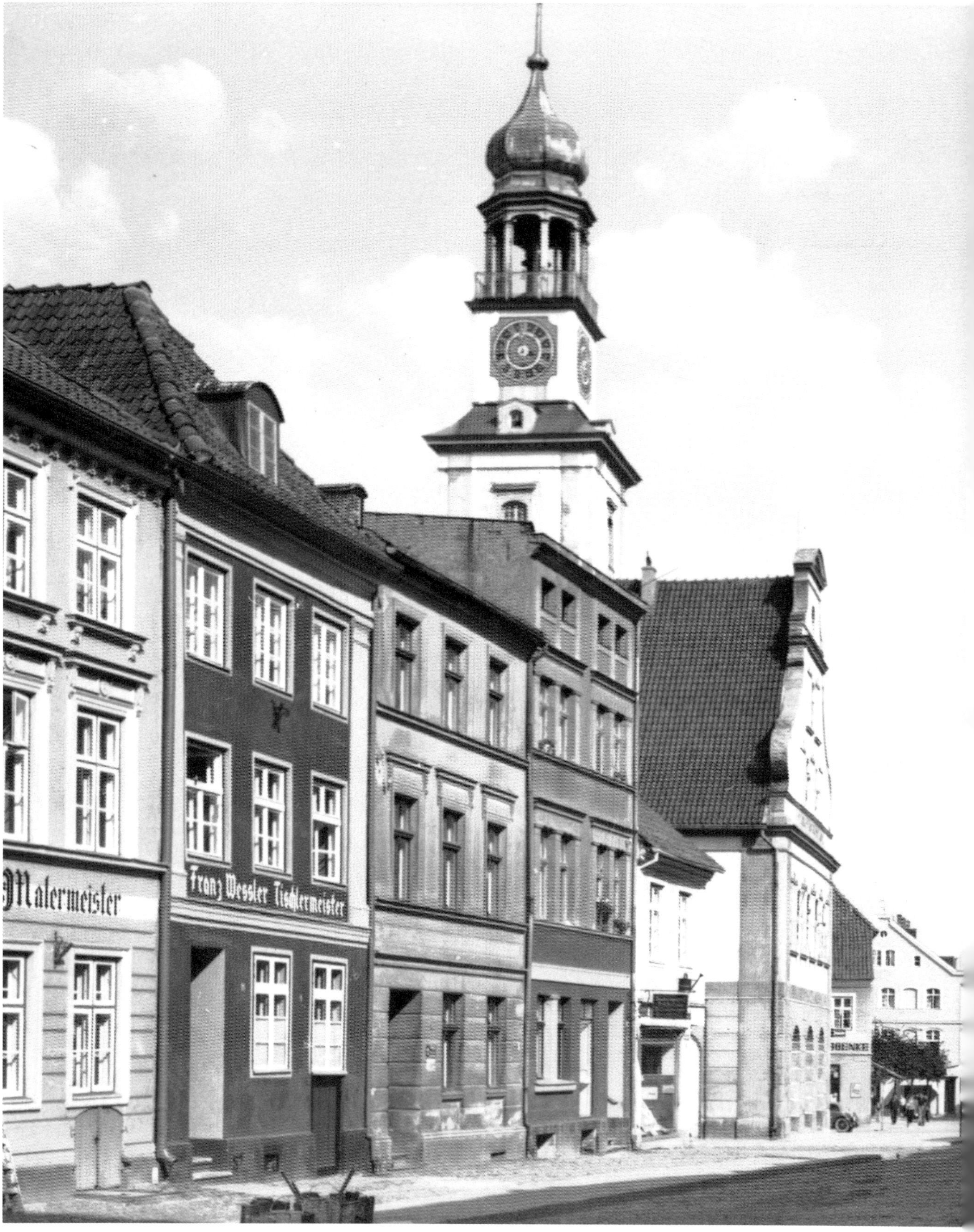
Malermeister
Franz Wessler Tischlermeister

Ermlands Geschichte wird zu Asche

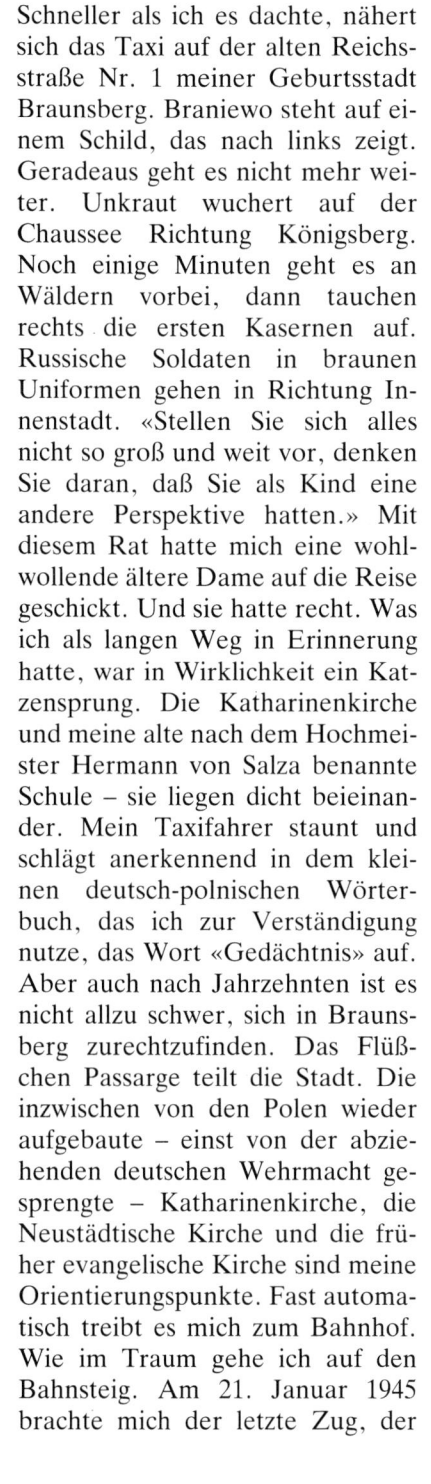

Schneller als ich es dachte, nähert sich das Taxi auf der alten Reichsstraße Nr. 1 meiner Geburtsstadt Braunsberg. Braniewo steht auf einem Schild, das nach links zeigt. Geradeaus geht es nicht mehr weiter. Unkraut wuchert auf der Chaussee Richtung Königsberg. Noch einige Minuten geht es an Wäldern vorbei, dann tauchen rechts die ersten Kasernen auf. Russische Soldaten in braunen Uniformen gehen in Richtung Innenstadt. «Stellen Sie sich alles nicht so groß und weit vor, denken Sie daran, daß Sie als Kind eine andere Perspektive hatten.» Mit diesem Rat hatte mich eine wohlwollende ältere Dame auf die Reise geschickt. Und sie hatte recht. Was ich als langen Weg in Erinnerung hatte, war in Wirklichkeit ein Katzensprung. Die Katharinenkirche und meine alte nach dem Hochmeister Hermann von Salza benannte Schule – sie liegen dicht beieinander. Mein Taxifahrer staunt und schlägt anerkennend in dem kleinen deutsch-polnischen Wörterbuch, das ich zur Verständigung nutze, das Wort «Gedächtnis» auf. Aber auch nach Jahrzehnten ist es nicht allzu schwer, sich in Braunsberg zurechtzufinden. Das Flüßchen Passarge teilt die Stadt. Die inzwischen von den Polen wieder aufgebaute – einst von der abziehenden deutschen Wehrmacht gesprengte – Katharinenkirche, die Neustädtische Kirche und die früher evangelische Kirche sind meine Orientierungspunkte. Fast automatisch treibt es mich zum Bahnhof. Wie im Traum gehe ich auf den Bahnsteig. Am 21. Januar 1945 brachte mich der letzte Zug, der Braunsberg damals gen Westen verließ, in Sicherheit.

Damals war die Stadt noch unversehrt. Natürlich hatte der Krieg das gesellige Leben beeinträchtigt. Freilichtaufführungen, Tanz bis zum frühen Morgen in den beiden Vereinshäusern, Bier- und Weinabende bei Krüger und im Reichshof waren selten geworden. «Wir Jungen von der Passarge» aber standen am Wehr und fischten Stuchels, schwammen oberhalb der Holzbrücke, liefen im Winter Schlittschuh bei Musik auf dem Eisplatz oder den zugefrorenen Wiesen hinter dem Bahnhof. Heute könnten wir von dort aus fast die sowjetische Grenze sehen. Ohne viel davon zu wissen, daß Braunsberg bis 1604 zur Hanse gehörte, strichen wir an den Fachwerkspeichern – sie wurden fälschlich «Hansespeicher» genannt – vorbei oder saßen mit glühenden Backen im Kino des Artushof. Wir liebten das Gedränge auf dem Fischmarkt vor Kutschkows Ecke und waren stolz, als wir erstmals allein mit der Haffuferbahn fahren durften. Noch heute weiß ich, daß ich vergaß die Mütze abzunehmen, als ich Bischof Kaller am Zug die Abteiltüre aufhielt. Maximilian Kaller nämlich war uns vertraut. Er war oft in Braunsberg und hatte für seine Meßdiener immer ein freundliches Wort. Im Ermland war die Kirche überall präsent. Krankenbesuche machte der Pfarrer bis in die letzten Kriegstage hinein im weißen Rochett. Wir Ministranten schritten mit einer Laterne vorweg. Die Leute gingen auf der Straße in die Knie. So manche Mark steckten uns die Angehörigen der Besuchten zu. Das war das erste selbstverdiente Geld.

Jeder Braunsberger wußte, daß es der Deutsche Ritterorden war, der im Jahre 1240 die schon bald darauf

56 *Langgasse mit Rathaus*

von den Prussen wieder zerstörte Burg Brunsberg gegründet hatte. Große Pappbilder mit den Ordensrittern im weißen Mantel hingen im Heimatkundeunterricht an der Tafel. Daß dieser Orden damals in Südtirol noch existierte, im Reichsgebiet als erster katholischer Orden aber von Hitler verboten worden war, erfuhren wir nicht. Ein katholischer Deutscher Orden paßte natürlich nicht in das Denkschema der Nationalsozialisten, die uns den «Drang nach Osten» und die Parole vom «Volk ohne Raum» predigten. 1284 war Braunsberg das lübische Stadtrecht verliehen worden, 1466 kam der Ort mit dem übrigen Ermland unter polnische Lehnsherrschaft. Das war der Abschied vom Deutschordensstaat und der Grund dafür, warum das Ermland im Gegensatz zum übrigen Ostpreußen katholisch blieb. Die evangelische Gemeinde von Braunsberg erhielt erst 1837 ein eigenes Gotteshaus, das nach Plänen aus der Berliner Baumeisterschule Schinkels errichtet wurde.

Zeitungen und Rundfunk berichteten fast täglich von den schweren Angriffen auf westdeutsche Städte. So stand es auch in den Briefen meiner Großmutter aus Hildesheim, das später ungefähr zur gleichen Zeit wie Braunsberg den Fliegerbomben zum Opfer fallen sollte. Sie empfahl uns, auf Besuche im Westen zu verzichten und die Schulferien lieber am Haff oder an der Ostsee zu verbringen. Heimlich, damit Nachbarn und vor allem die Vertrauensleute der Partei nichts merkten, begannen einige Braunsberger größere Pakete zu packen, um Wäsche, Federbetten, wertvolle Bilder in Sicherheit zu bringen. Wohin aber sollten die Sachen geschickt werden? In Frage kamen nur Empfänger auf dem Land und in den Dörfern. Bayern oder das heutige Baden-Württemberg galten als verhältnismäßig sicher. München und Stuttgart allerdings waren bereits Ruinenstädte.

57 *Kesselbrücke*

58 *Am Stadtgraben*

59 *Bahnhof*

60 *Hindenburgstraße*

Kardinal Hosius, Sohn deutscher Eltern, dann aber in polnische Dienste getreten, war der bedeutendste Kirchenfürst des Ermlandes. Im Zuge der Gegenreformation holte er 1565 die Jesuiten nach Braunsberg, die eine höhere Schule und ein Priesterseminar gründeten. Papst Gregor XIII. stiftete 1578 ein päpstliches Priesterseminar, das den Priesternachwuchs für Nord- und Osteuropa heranbilden sollte. Die Braunsberger Bürgertochter Regina Prothmann stiftete zur gleichen Zeit die Kongregation der Katharinenschwestern, die noch heute im Ermland, in der Bundesrepublik, in Rom und Brasilien wirken.

Braunsberg war eine Stadt der Schulen. Wer das Abitur bestand, wurde von Freunden und Angehörigen mit «Alberten» bestückt, golden wirkenden Abzeichen, die am Revers getragen wurden und den künftigen «civis academicus» auswiesen. Geschlossen zogen die Abiturienten die Langgasse und die Hindenburgstraße hinunter. Das immer wieder laut gerufene «Herkules Hurrah!» kündete vom erfolgreichen Abschluß der Schulzeit. Acht Tage und Nächte lang sollen Abiturfeiern in Braunsberg gedauert haben.

Spätestens im Herbst 1943 war auch für die junge Generation das unbeschwerte Leben zu Ende. Die Klassen der Oberstufe wurden zur Flak ins niedersächsische Rotenburg geschickt. Die Schüler der Berufs-, Kraftfahrzeug- und Mechanikerschule wurden zum Kriegsdienst eingezogen. Auch die Mädchen wurden – meist im Sanitätsdienst – eingesetzt. Nach längerer Ruhepause hatte Braunsberg am 9. April 1944 wieder Alarm – es fielen aber keine Bomben. Ein Teil der Braunsberger verließ im Januar 1945 vor der näherkommenden Front die Stadt. Dennoch waren noch viele Frauen und Kinder da, als am 5., 9. und 15. Februar und dann noch einmal am 7. März so-

63

61 *Mühlenbrücke*

63 *Wehrturm und Pfarrkirche*

62 *Ehrenmal*

64 *Rathaus*

65 *Steinhaus und Wehrturm*

66 *Steinhaus und Staatliche Akademie*

wjetische Flieger Braunsberg angriffen. Was danach noch stand, ging in den schweren Kämpfen verloren. Achtzig Prozent aller Bauten waren zerstört, als die Sowjets am 20. März in die Stadt einrückten. Zu Schutt und Ruinen aber waren nicht nur die Gebäude geworden. Verbrannt waren die prähistorischen Sammlungen. Vernichtet waren auch unersetzliche Archive und Urkunden. «Ermländische Geschichte», so schrieb Pfarrer A. Bönigk im Spätsommer 1945 aus Braunsberg, «ist Asche geworden und in alle Winde verweht.»

Wer das ehemals deutsche Braunsberg beschreiben will, muß eine lange Verlustliste anlegen. Schneller ist aufgezählt, was die Fliegerangriffe überdauert hat: Hauptbahnhof und Landratsamt, Altenheim und kleiner Hansespeicher. Das Inferno überstanden die Kasernen, das Finanzamt, wenn auch ausgebrannt: das Gymnasium, die Reichsbank, das Gestüt und die alten RAD-Kasernen. Erhalten blieben die Kapelle auf dem Rochusfriedhof und die Kapelle Dreizehnlinden. Nur leicht beschädigt wurden die Neustädtische- und die evangelische Kirche, die heute zum katholischen Gotteshaus geworden ist. Unversehrt blieb die etwas außerhalb der Stadt an der Passarge liegende Kreuzkirche.

Wo früher Braunsbergs Mittelpunkt, das in seinem Kern bis ins vierzehnte Jahrhundert zurückreichende Rathaus mit dem Barockturm, stand, sind Blumenbeete angelegt. Das 1693 ausgebaute Steinhaus, das Priesterseminar, die große Amtsmühle, die Post sanken in Trümmer. Zwischen den beiden Passargebrücken und dem Bahnhof ist das meiste vernichtet. Wo früher an der Hindenburgstraße abwechslungsreich gestaltete Häuserfassaden der Stadt ein Profil gaben, stehen heute schnell hochgezogene Betonhäuserfronten. Die Stadt hat ihren Charakter verloren – und nicht nur dies. Aus dem einst so geschäftigen Braunsberg, der Hauptstadt, dem geistigen und kulturellen Mittelpunkt des Ermlandes, wurde das polnische Braniewo. Wo einst 21 000 Deutsche wohnten, leben heute rund 12 500 Polen. Braniewo aber ist ohne Bedeutung, die nahe sowjetische Grenze – ohne Übergang – hat der Stadt das für den Handel notwendige Hinterland genommen. Reisen nach Ostpreußen führen heute nicht selten an Braunsberg vorbei. Braniewo hat kein nennenswertes Hotel, polnische Reisebüros haben keinen Prospekt.

Die katholischen Braunsberger und die katholischen Einwohner von Braniewo finden vielleicht im gemeinsamen Glauben leichter eine Brücke zueinander. Die Polen haben sich daran gewöhnt, die einstigen deutschen Bewohner der Stadt häufig als «Heimwehtouristen» zu sehen. «Es gibt», so heißt es in einer 1984 von der Stadt Münster anläßlich der 700-Jahr-Feier Braunsbergs herausgegebenen Dokumentation: «Braunsberger, die eine ständige Verbindung nach drüben zu polnischen Bürgern haben.»

Die gemeinsame Religion war es auch, die meinen Taxifahrer und mich verband. Beide kannten wir die gleichen lateinischen Gebete. Ohne Schwierigkeiten hätten wir zusammen ministrieren können. Die überwiegend deutschen Ermländer hatten zwischen dem sechzehnten und achtzehnten Jahrhundert eine Reihe polnischer Bischöfe, die das Deutschtum ihrer Diözesanen respektierten. Die heute in Braunsberg lebenden Polen bezeichnen sich als Ermländer.

Mein Vater starb in Braunsberg

Das sinnlose Vernichten und Zerstören unserer Heimatstadt Braunsberg begann am 5. Februar 1945.
Der Krieg dauerte schon über fünf Jahre. Fast jede Braunsberger Familie hatte mehr oder weniger den Krieg zu spüren bekommen, doch war bislang unsere Stadt von Bombenangriffen verschont geblieben. Jetzt kam ein schicksalschwerer Tag – ich war zehn Jahre alt – doch dieser Tag ist in meiner Erinnerung gegenwärtig, als wäre alles erst gestern geschehen. Das «Rummeln» – so sprach man ermländisch, zurückhaltend – doch jeder wußte, welche Gefahr unserer harrte. Ja, das Rummeln der Front, die in den letzten Januartagen sich teilweise schon vor den Toren unserer Stadt befand (z. B. bei Willenburg) war schon ein bekanntes, unbehagliches, Angst verbreitendes Grollen in der Luft.
Nun aber, am 5. Februar 1945, einem kalten ostpreußischen Wintertag, begann für Braunsberg der Tag des Grauens und des Schreckens. Die erste Bomberwelle rollte früh am Morgen – bei Tagesanbruch – nicht alle Braunsberger waren schon aus den Betten oder wollten gerade frühstücken nach der Heimkehr vom Kirchgang. Die zweite Welle folgte in kurzem Abstand. Anfliegen, Abladen, Wegfliegen – circa zwanzig Minuten Pause, und so ging das den ganzen Tag. Vom Hellwerden bis zur Dunkelheit. Mein Vater sagte an diesem Morgen mit tiefernstem Gesicht und sehr leiser bedrückter Stimme: «Weit her holen sie die ‹Dinger› nicht, dieses ist kein Krieg mehr im üblichen Sinne, jetzt muß die Zivilbevölkerung dran glauben. Unschuldige Frauen und Kinder werden in dieses Elend hineingezogen. Jetzt geht es nur noch ums nackte Überleben, jetzt heißt es, rette sich, wer kann.»
Ja, wer kann! Ich möchte sagen, wer darf! Die Stadt Braunsberg hatte immer noch keinen Räumungsbefehl, es war nicht erlaubt zu flüchten. Wer es dennoch schon getan hatte, oder tun wollte – es soll einige gegeben haben –, tat dies still und heimlich.
Der Bombenangriff überraschte die Braunsberger. In unserem Keller befanden sich außer den Hausbewohnern und den zahlreichen Flüchtlingen aus der Gegend von Gumbinnen und Tilsit-Ragnit – die bereits das Weihnachtsfest 1944 mit uns zusammen verlebt hatten – noch viele andere Flüchtlinge. Es hatten in der Nacht vom 4. auf den 5. Februar 1945 viele Treckwagen auf unserer Stadtwiese beim Konvikt Station gemacht, die nun auch von den Bomben überrascht wurden. Unsere Kellerräume waren voll von schutzsuchenden Menschen.
Wir haben alle zusammen gebetet, und meine Mutter hat geweihte Kerzen angezündet. Der Rosenkranz war fast in jeder Hand. Die Einschläge der Bomben waren mal näher, mal weiter entfernt, die Detonationen unterschiedlich. Unser Haus in der Malzstraße – gegenüber dem Finanzamt – einschließlich der Hofgebäude wurde an diesem Tage von neun Bomben getroffen. (Hausecke mit Straßenseite, Eingang Vorderseite, Dachwohnung und Räucherkammer, Wagenremise, Stallseite, Rübenkammer, Gemüsegarten – meist kleine Spreng- bzw. Brandbomben.) Eine größere Sprengbombe ging zwischen Kuhstall und Scheune runter. Dort stand ein für die damalige Zeit modernes Heugebläse mit großen dicken Rohren. Das war total weg – nicht mehr da. Der Bombentrichter war enorm tief und groß. Später lagen dort drei tote Pferde drin, und wenn man am Rande stand und hinunterschaute, waren die Pferde so klein, als wären es Dackel.
Man hat uns berichtet, einige Rohre des Heugebläses habe man in der Nähe der Passarge gesehen. Zwei weitere Bomben fielen auf die Flüchtlingstrecks, es gab die ersten Opfer. Die zum Teil leicht Verwundeten wurden in den Bombenpausen sofort ins Finanzamt gebracht, dort war zu dieser Zeit ein Hilfslazarett eingerichtet. Fensterscheiben waren in der Malzstraße schon gleich am Vormittag kaputt, teils durch die Bomben, teils durch Bordwaffen mit denen wir kräftig beharkt wurden. Als wir auf die Flucht gingen – am 17. Februar 1945 – war an eine Mitnahme eigener Federbetten nicht mehr zu denken, diese waren alle durch die Bordwaffen zerschossen. So um die Mittagszeit gingen wir vom Keller mal kurz nach oben, man wollte wissen: Was hat diese Welle wieder getroffen, was steht nicht mehr und was brennt? Große Brände waren bei uns nicht. Ich erinnere mich, daß mein Vater mit unseren Flüchtlingsmännern, alles alte Herren schon, die Jauchepumpe auf Wasser umgestellt hatte. Sie standen wie die Feuerwehr bereit, um sofort zu löschen. Dadurch ist vorerst Schlimmeres wohl verhindert worden.
Mein Vater war draußen und meine Mutter ging mit mir in unsere Küche, dort saß ein Soldat und ließ sich meinen Pudding gut schmecken. – Diese Puddinggeschichte möchte ich berichten:
Als Landwirte bekamen meine Eltern die Lebensmittelkarten für «Selbstversorger», kein Fleisch, keine Milch, keine Eier. Alles klar, aber auch für mich betrüblich, kein Puddingpulver. Weihnachten 1944 haben mir unsere Flüchtlinge im Haus nun alle Puddingpulver geschenkt und ich war überglücklich.

67 Inneres der Katholischen Pfarrkirche

68 St. Katharina, Inneres

Frühmorgens am 5. Februar 1945, vor dem Bombenangriff, war ein Pudding gekocht worden und stand auf dem Küchentisch zum Abkühlen. Nun hatte der Soldat meinen Pudding. Wohlerzogen, doch mit Tränen in den Augen und einem dicken Kloß im Hals fragte ich: «Schmeckt's?» – «Ja, prima, willst du auch mal probieren?» kam die Antwort. Nun war's mit meiner Beherrschung vorbei, heulend lief ich aus der Küche. Der Soldat sah mich ganz erstaunt an – diesen Blick habe ich bis heute noch vor Augen –, er konnte sich mein Verhalten natürlich nicht erklären. Bei dieser kurzen Begegnung war mir dennoch aufgefallen, daß der eine Ärmel seiner Uniformjacke von oben bis unten aufgeschnitten war und der Arm verbunden. War dieser Pudding seine letzte Mahlzeit? Am nächsten Morgen lag er, getroffen von einer Kugel, angelehnt ans Kapellchen bei Dreizehnlinden und war tot. Erkannt habe ich ihn an dem aufgeschnittenen Ärmel und dem sich darunter befindlichen Verband.

Den Nachmittag verbrachten wir wieder im Keller. Damit alle etwas zu essen bekamen, öffnete meine Mutter ihren Speisekeller, der war in Ostpreußen bei einer Bäuerin – auch im Kriegswinter 1944/45 – noch reichlich gefüllt. Gläser mit Fleisch, Wurst, Gemüse und Obst, auch frisches selbstgebackenes Brot war vorhanden, alle konnten satt werden.

Zu dieser Zeit hatten noch mehr Leute wie am Vormittag in unserem Keller Schutz gesucht, jetzt lagen die Menschen schon auf den Kartoffeln und Kohlen in den verschiedenen Kellerräumen. Immer wieder, in fast regelmäßigen Abständen kam eine Bombenwelle nach der anderen. Das anfängliche Erschrecken, die allgemeine Angst und Nervosität ging langsam in ein sich Fügen, in ein stilles Verharren, ja fast in eine Resignation über. Ich dachte, alle sind jetzt satt und müde, was im einzelnen draußen geschah, schien im Augenblick nicht so wichtig, wichtig war mir nur noch das eigene Überleben. Meine Gedanken waren aber hellwach, ja ich wurde von einer sich steigernden Unruhe erfaßt. Ich sah meine Großeltern, meine Verwandten, die Schulfreundinnen kamen mir in den Sinn. Ich befand mich auf einmal in der Pfarrkiche, nein – es war die Fronleichnamsprozession und alle sangen wir unser ermländisches Lied, «Meerstern ich dich grüße, oh Maria hilf . . .». Ich dachte auch an die Klosterschwestern, unsere Katharinerinnen, die in Braunsberg zum Stadtbild, ja zum täglichen Leben gehörten. Das Kloster war zum Teil Lazarett, dort war bis vor kurzem der Bruder meiner Mutter als Verwundeter, etwa 21 Jahre alt – jung. Ich war fast täglich dort gewesen. Jetzt sah ich alle die Verwundeten. Junge Menschen, teilweise schwer, ja schwerst verletzt, wo waren sie? Im Keller, in ihren Betten, oder? Ich konnte den Gedanken nicht zu Ende denken.

Im Keller bei uns entstand in die lähmende Ruhe ganz plötzlich eine Panik, es war nicht erneut eine Bombe gefallen, was man ja jede Minute erwartete und hoffte, daß es nicht geschah. Es waren mehrere Uniformierte, welcher Art weiß ich nicht mehr, in den Keller gestürzt und die suchten etwas, aber was und wen? Alle männlichen Jugendlichen mußten sich ausweisen. Ich dachte, was wollen die von den Jungen? Es wurde laut herumgeschrien, unmögliche und unanständige Worte hallten durch die dikken Kellergewölbe, Kinder begannen zu weinen, Soldatenstiefel bahnten sich ihren Weg durch die engen Gänge – ohne Rücksichtnahme auf das elende Häufchen verängstigter Menschen. Genauso plötzlich wie der Tumult entstanden war, trat eine lähmende Stille ein. Diese Stille – es war auch gerade kein Bombenangriff – wurde unterbrochen von Schüssen, Ge-

67

69 *St. Katharina mit der ehem. Schloßschule, in der Ostern 1942 der letzte Jahrgang das Abitur bestand*

wehrsalven ganz nahe, bei uns auf dem Gelände. Mein Vater kam von draußen rein, holte meine Mutter und mich aus dem Keller und sagte leise zu uns: «Kommt mit, wir müssen zur Scheune.» Ich dachte, zur Scheune? Die war doch beschlagnahmt, als Lager fürs Militär, die durften wir doch nicht mehr betreten. Was wollte mein Vater nun bei der Scheune? Fragen wurden an diesem Tag nicht mehr gestellt, fast stündliche Ereignisse in meinem noch so jungen Leben, die mich für mein ganzes Leben prägten. Der 5. Februar 1945 hat mich schlagartig erwachsen gemacht. Hat mir die Unbeschwertheit der Kindheit und Jugend genommen, Lachen und Fröhlichsein waren Gefühlsregungen, die ich viele Jahre nicht mehr kannte. Lachenden Menschen stand ich mit versteinertem Gesicht gegenüber. Erst nach meiner Verheiratung und der Geburt meiner Söhne kam auch die Freude und Heiterkeit in mein Leben zurück.
Auf dem Wege vom Wohnhaus zur Scheune sprach mein Vater vom Starksein, das Herz in beide Hände nehmen, Christenpflicht und ähnlichem. Vor der Scheune lagen zwei erschossene junge Soldaten, fast noch Knaben, mit erschrockenen, weit aufgerissenen Augen, gen Himmel fragend: warum? Dieses war das Resultat der Aktion in unserem Keller. Meine Eltern haben diese zwei in unserem Garten, die Stelle finde ich heute noch im Dunkeln, zur letzten Ruhe gebet-

70 *Speicher aus dem Passargeviertel*

tet. Die Erkennungsmarken hat meine Mutter, trotz all der Wirren, mit auf die Flucht genommen, zusammen im separaten Köfferchen mit unseren Wertpapieren. Aber auch dieses wurde uns in Pommern von den Russen weggenommen. Somit möchte ich glauben, daß heute noch zwei Mütter um ihre Söhne weinen, jahrelang auf ein Lebenszeichen und eine Heimkehr gehofft haben und nie erfahren werden, daß ihre Söhne in Braunsberg «gestorben» sind.

Nach all diesen Erlebnissen wurde beschlossen, noch am Abend zu den Großeltern aufs Land zu fahren. Unser Haus erschien nicht mehr bewohnbar, und man war nun auch in der Stadt nicht mehr sicher. Doch bei den Großeltern war nicht einmal ein Platz für meine Mutter und mich. Alles schon voller Flüchtlinge, alle Räume überbelegt, in der Diele, auf den Fluren, ja auf den Treppen. Frauen, Babys, alte und kranke Menschen. Meine Eltern haben die ganze Nacht mit meinem Großvater gesprochen und beratschlagt, was nun zu machen wäre! Bei Tagesanbruch ging es dann zurück nach Braunsberg. Nun erst sah man das Ausmaß der Vernichtung. Die Altstadt war an diesem Tage am meisten betroffen.

Zurück nach Braunsberg – 5. Februar 1945. Meine Mutter war mit mir in der Wohnung, überall lagen Glasscherben, die Bettfedern wirbelten durch die Räume, es roch nach Brand, uns es war vieles schwarz voll Ruß. Im Eßzimmer, überm Klavier, hing ein großes Familienfoto. Darin befanden sich zwei Einschüsse – 1mal Großvater und mein Vater (zusammen), ein anderes Geschoß hatte den Bruder meines Vaters getroffen. Alle drei sind im Juni 1945 umgekommen. Vorahnung? Meine Mutter hat später oft darüber nachgedacht.

Im gleichen Raum zur gleichen Zeit wollten sich Uniformierte – etwa 10 bis 15 Mann – trotz Bombenangriff, gerade häuslich niederlassen. Kisten mit Sekt und alkoholischen Getränken wurden hereingefahren, der große Eßtisch beiseite gestellt, der Teppich durch die kaputten Fenster ausgeschüttelt (Glasscherben, Federn, Mörtel). Dem Treiben bot mein Vater zwar höflich, aber sehr energisch Einhalt. Noch wären wir, die Besitzer, da und ob die Herren einen Grund zum Gelage hätten: «Die Stadt fällt in Schutt und Asche, viele Menschen, auch Frauen und Kinder, müssen in diesem Augenblick ihr Leben lassen, Hunderte Verwundete benötigen sofortige Hilfe und hier soll gesoffen werden? Raus, aber ein bißchen plötzlich und Helfen ist hier am Platze.» Ich stand daneben, nicht mehr Kind, aber auch noch nicht erwachsen, und das erstemal in meinem Leben spürte ich, hier geht etwas so Ungeheuerliches vor sich. Ich wagte nicht zu atmen, der Raum war erfüllt von einer enormen Spannung. Ich blickte angsterfüllt meinen Vater an, meine Mutter legte ihre Hand beruhigend auf den Arm meines Vaters und mein Vater schützend seinen Arm um mich. Da ertönte es donnernd, brüllend aus dem Mund eines dieser Herren: «Sie, Sie, Sie werden sich zu verantworten haben!» Sie . . . die weiteren Worte gingen unter im Krach und Getöse, die Wände erzitterten, Kalk und Mörtel flog durch den Raum – es hatte eine Bombe vor dem Haus eingeschlagen. Meine Eltern hatten sich mit mir auf den Fußboden geworfen, und als wir merkten, wir waren noch am Leben und aufstanden, war keiner der Herren mehr da – man hatte eiligst Fersengeld gegeben.

Die Schreie der Menschen und auch das Röcheln der Pferde habe ich noch heute im Ohr. Was nun letztlich ausschlaggebend war, daß wir noch in Braunsberg blieben, weiß ich nicht. Vielleicht wollten sich meine Eltern auch noch nicht trennen. Nach zwei bis drei Tagen stellte es sich aber heraus, daß wir in der Malzstraße, in unserem Haus, nicht mehr bleiben konnten. Die Unruhe und die Angst wurden immer größer, das «Rummeln» von Tag zu Tag stärker, nun hörten wir auch schon die Stalinorgel. Flugzeuge überflogen Braunsberg in unbestimmten Abständen, warfen mal hier und dort eine Bombe – am neunten Februar etwas mehr, doch mehr tat sich nicht. Jeder sprach von der Ruhe vor dem Sturm. Wir fühlten uns nicht mehr sicher und gingen zu Bekannten in die Teichstraße. Dort war ein gut ausgebauter Luftschutzkeller mit Schlaf- und Kochgelegenheit. In diesem Keller erlebten wir auch den zweiten großen Bombenangriff auf Braunsberg am 15. Februar 1945. Nun begnügte man sich nicht mehr mit kleineren, meist Sprengbomben wie am 5. Februar 1945. Jetzt wurde Braunsberg in Brand gesetzt. Wir durften den ganzen Tag nicht aus dem Keller, wußten somit auch nicht, was in der Stadt geschah. Als wir gegen Abend rauskamen und nochmals zur Malzstraße gingen, brannte es überall. Helle Flammen loderten aus dem Gymnasium, die Post und Poststraße waren ein einziges Flammenmeer, im einzelnen konnte man es nicht mehr ausmachen. Ich hatte das Gefühl, die ganze Stadt brennt. Nun hieß es auch Abschied nehmen für uns. Der vorbereitete Treckwagen wurde mit dem letzten Hab und Gut beladen, Nahrung für Mensch und Pferde war das Wichtigste. Langsam fuhren wir vom Hof, unsere Flucht begann. – Malzstraße, Dreizehnlinden, über die Teichstraße zur Kreuzkirche an der Passarge entlang über Neupassarge und nach Pfahlbude. Im Hintergrund unsere Heimat Braunsberg in Flammen, ein roter Feuerball! Mutter nahm die Leinen fest in die Hand, laut betend, mit stolz erhobenem Haupt, starrem Blick geradeaus fuhr sie in Richtung Frischem Haff. «Schau dich nicht um, blick nicht

71 *Braunsberger Schüler als Flakhelfer am Geschütz*

72 *Braunsberger Schüler nach dem Angriff beim Aufräumen*

73 *Beisetzung gefallener Flakhelfer im Juni 1944*

immer zurück, dann kommen wir nie wieder!» So sprach, nein befahl meine Mutter mir. Ich mußte zurückblicken, ich konnte meine Augen nicht abwenden, Braunsberg ein einziges Feuer, glutrot der Horizont. Warum ich nicht betete, wie meine Mutter, weiß ich nicht! Ich sagte, still für mich, immer und immer wieder die Feuersbrunst aus Schillers Glocke auf, die hatte ich kurz davor gelesen, noch gar nicht auswendig gelernt, jetzt konnte ich sie.

Nach zwei Übernachtungen in Pfahlbude gingen wir am 17. Februar 1945 mit Pferd und Wagen auf die Flucht über das zugefrorene Haff.

Um 15.00 Uhr konnten wir uns noch von meinem Vater in Pfahlbude verabschieden. Ort und Stelle weiß ich heute noch, auf den Quadratmeter genau! – Meine Eltern hielten sich stumm an den Händen – ich stand eingebettet, geborgen, zwischen den Eltern, das letztemal das Gefühl der Geborgenheit empfindend.

Mein Vater sprach mit tränenunterdrückter Stimme, alles Leid dieser Welt, alle Ohnmacht der Situation lag darin. «Wenn, ja wenn, – wir uns jemals wiedersehen, ist es eine andere Welt – bestimmt jenseits von Krieg, Bomben und Vernichtung!

Nimm meinen Ehering mit – bitte – gib ihn unserer Tochter, wenn sie erwachsen ist. Sie soll ihn tragen, er soll ihr Kraft und Stärke geben, alle Tage ihres Lebens! Er soll sie ermahnen und erinnern, gleich wie und wo sie lebt, daß hier im Ermland ihre Heimat ist und bleibt. Nur in angestammter Erde, verwurzelt in Familie und Tradition liegt, eingebettet in Gottvertrauen und Glaube, Friede und Glück. Ich lege nun euer Schicksal in Gottes Hand! Es ist so entwürdigend für mich, heute, hier nicht mehr für Frau und Kind tun zu können. Lebt wohl!» Mein Vater wollte sicherlich noch mehr sagen, doch ein übereifriger junger Soldat kam dazwischen und verbot Privatgespräche dem Volkssturmmann – meinem Vater – mit Flüchtlingen. Mein Vater hatte gesagt: «Lebt wohl!» Dieses war kein übliches Verabschiedungswort bei uns in Ostpreußen. Meine Gedanken kreisten um diese Verabschiedungsformel und beunruhigten mich. Wenn ich gekonnt hätte, wäre ich zurückgelaufen und hätte meinen Vater gefragt. Bei klirrendem Frost und eisigem Schneetreiben in die Dunkelheit hineinfahrend – in die Ungewißheit – ging mir dieses Wort nicht aus dem Kopf. Warum hatte er nicht «Auf Wiedersehen» gesagt?

Wir haben uns nicht wiedergesehen, mein Vater ist am 21. Juni 1945 in Braunsberg – 39 Jahre alt – gestorben.

Johanna v. Bülow-Tresp

Suche nach der Familie

Ich bin Anfang Februar 1945 als Btl. Kommandeur des I./45 bei einem Gegenstoß am Masuren-Kanal leichter verwundet worden und mußte einige Tage auf den Hauptverbandsplatz. Diese Gelegenheit benutzte ich, um meine Familie in Braunsberg zu suchen. Mit einigen Mühen war ich am Vormittag des 15. Februar in Braunsberg, von meiner Familie keine Spur. Überall Flüchtlinge, besonders Frauen mit kleinen Kindern und alten Leuten. Wir wohnten in der Simon Wichmann Straße 4, im Haus des Verwalters des Restgutes «Lisettenhof», der für sein Wohnhaus von der Standortverwaltung ein Darlehen erhalten hatte mit der Auflage, im 1. Stock eine Offizierswohnung zur Verfügung zu stellen. Braun hieß er und war überall bekannt. Das Haus lag dicht am Haffuferbahnübergang zu den Infanteriekasernen, in denen ich ja vorher stationiert war.

Unsere Wohnung war voller Flüchtlinge, auch war dort eine Schreibstube eingerichtet von einer Einheit, die Braunsberg Richtung Frauenburg zu sichern hatte.

Am Vormittag war ich dort, traf den Polizeichef Pfeiffer, Kaufmann Schacht und andere Polizeibeamte. Von meiner Familie erfuhr ich, daß sie bereits vor einigen Tagen mit einem Lkw weggefahren sei.

Als ich dann in unseren Schränken Akten und Schmuck usw. zu suchen begann, es war etwa 14.00 Uhr, vernahm ich starke Flugzeuggeräusche aus Richtung Stadtwald auf die Infanteriekasernen zu. Ich schaute aus dem Fenster, die Kasernen konnte ich ja sehen, und sah von dort einen größeren russischen Bomberverband auf Braunsberg anfliegen. Ich veranlaßte alle im Haus Anwesenden sofort in den Keller zu laufen, als dann auch schon die ersten Bomben fielen und Fenster und Türen zertrümmerten.

Zur gleichen Zeit fuhr durch die Stadt eine bespannte Sanitätskolonne, die Verwundete bei sich hatte. Die Innenstadt und diese Kolonnen wurden sehr hart getroffen. Ich ging sofort in die Kaserne zum Standortkommandanten Oberst Pliket, erfuhr über die weiteren Absichten absolut nichts. Obwohl ja in Ostpreußen harte Kämpfe stattfanden und wir uns immer mehr auf die Küste zurückziehen mußten, war es beängstigend festzustellen, wie hilflos die dortige Etappe sich verhielt!

Gegen Abend bin ich dann aus meiner Wohnung wieder durch die Stadt zurück zur Truppe.

Da sah ich erst, welche Schäden dieser Bombenangriff verursacht hatte. Viele Häuser waren getroffen, die Dächer zerstört, zum Teil hingen Betten im Gebälk und viele Fahrzeuge der Sanitätskolonne lagen zerstört in der Innenstadt.

Herbert Wittwer

Flucht aus der Stadt

Ab 7.15 Uhr erschienen am 5. Februar russische Flugzeuge über Braunsberg, die ungefähr in Zwischenräumen von zwanzig Minuten immer wieder erneut die Stadt angriffen. Ich sagte mir: «Raus aus der Stadt!» Im größten Bombenhagel nahm ich den Handwagen und lief zur Laube Rodelshöfer Wäldchen. In der Laube hatte ich einen Keller ausgebaut. Schnappte mir einen Koffer – natürlich den falschen. Auf dem Rückweg in die Stadt wurde ich von Tieffliegern beschossen. Keine Menschenseele weit und breit. Nicht beim Gestüt, noch auf der anderen Seite. Alle waren in den Kellern. Als ich wieder bei unserem Haus in der Rodelshöfer Straße stehe, auf der Treppe nach dem Hof zu, gibt es plötzlich einen großen Knall. Ich zucke zusammen. Nicht weit von mir, rechts am Haus liegt ein Blindgänger. Gewicht ungefähr einen Zentner. Was ich gedacht habe, weiß ich heute nicht mehr. Es fiel jedoch der Entschluß zur Flucht. Meiner Tochter sagte ich: «Sieh nach nichts hin, nimm den Kopf hoch und immer gerade aus!»

Dann trafen wir viele Trecks aus Groß Sausgarten/Preußisch Eylau. Alle kennen mich. Ich sehe die brennende Stadt, falte die Hände und frage: «Herr, was soll ich tun?» Später erfahre ich, daß eine Bombe die Pfarrkirche traf. Zweitausend Flüchtlinge, die dort untergebracht waren, verließen fluchtartig die Stadt, die Habe zurücklassend.

Willi Wallenberg

Gumbinnen

Gumbinnen, ehemalige Hauptstadt des RegBez. G. und Kreisstadt in Ostpreußen, im weiten Flachland an der Mündung der Rominte in die Pissa, 42 m ü. M., mit (1939) 24 600 meist evang. Einw., war Sitz der Regierungs- und Kreisbehörden, hatte Techn. Staatslehranstalt, mehrere Ober- und Fachschulen und war der kulturelle Mittelpunkt des nordöstl. Ostpreußen. Die erst 1722 von König Friedrich Wilhelm I. mit Stadtrecht begabte, planmäßig angelegte und meist mit Salzburger Emigranten besiedelte nüchterne Beamtenstadt war mit ihren Getreide- und Viehmärkten der Handelsplatz für die ländl. Umgebung. Die Industrie erstreckte sich auf den Bau landwirtschaftl. Maschinen, Dampf- und Wassermühlen und Ziegeleien. Gumbinnen wurde im Zweiten Weltkrieg teilweise zerstört. 1945 kam Gumbinnen unter sowj. Verwaltung (Gussew, Gebiet Kaliningrad).

Aus: Der Große Brockhaus, 16. Aufl. 1952–1957

Glockenläuten im Feuersturm

Bereits einen Tag nach Hitlers Angriff auf die Sowjetunion waren erstmals sowjetische Flugzeuge über der Stadt. So trafen am 23. Juni 1941 Bomben die Klinik Dr. Wittmoser. In der Nacht zum 5. August 1944 hatten britische Flugzeuge den weiten Weg nach Gumbinnen zurückgelegt. Nachdem am 20., 21. und 25. August 1944 sowjetische Bomben auf die Stadt gefallen waren, gab es im September vielfach Fliegeralarm. Der schwärzeste Tag aber wurde der 16. Oktober 1944. Nur weil schon viele Gumbinner ihre Stadt verlassen hatten, waren lediglich acht Tote zu beklagen. Zwischen 18 und 19.30 Uhr warfen sowjetische Flugzeuge etwa achthundert Spreng- und Brandbomben ab. Alle Kirchen außer der Salzburger Kirche gingen in Flammen auf, ein Viertel aller Wohngebäude brannte. Schwer beschädigt wurden die Brücken.

Getroffen wurden auch die drei wertvollsten, unter Denkmalschutz gestellten Bauten der Stadt: die sogenannte «Alte Regierung» – ihr Bauentwurf war von Schinkel beeinflußt – wurde zerstört und später völlig abgetragen. Der im Jahre 1741 gebaute Kornspeicher – vom Volksmund das «Magazin» genannt – wurde zur Ruine und ist heute gleichfalls nicht mehr vorhanden. In Mitleidenschaft gezogen wurde auch das Zollamt mit dem markanten, leicht barocken Straßengiebel. Das weitere Schicksal dieses Hauses ist unbekannt.

Verschwunden ist das von Christian Rauch geschaffene Denkmal des Stadtgründers, die Bronzestatue König Friedrich Wilhelm I. Da sie vor der «Alten Regierung» stand, ist sie entweder ein Opfer der Bomben geworden oder aber wie der «Tempelhüter», der Guß eines Trakehnerpferdes, in die Sowjetunion gebracht worden. Das erhalten gebliebene Elchdenkmal soll heute am Eingang des Tiergartens in Königsberg stehen.

Der vierzehnjährige Schüler Hans-Joachim Puttnat schrieb im Schuljahr 1949/50 einen Aufsatz unter dem Thema: «Eine furchtbare Erinnerung.» Sein damaliger Lehrer Helmut Winkelmann hob dieses Zeitdokument auf.

Als in den Kriegsjahren die deutschen Städte von den feindlichen Flugzeugen bombardiert wurden, bekam auch Gumbinnen einen Bombensegen ab.

Wir saßen am Abendbrottisch. Plötzlich erlosch das Licht und in der Nachbarschaft krachten die ersten Einschläge. Mein Bruder, der noch klein war, fing an zu schreien. Ich weiß es bis heute noch nicht, wie wir damals in den Keller gekommen sind. In unserem Hause wohnten vier Familien. Da saßen wir nun in dem feuchten Keller in der Hoffnung, diesen Angriff zu überleben. Das schwache Licht einer Petroleumlampe flackerte bei jedem Bombeneinschlag auf. Plötzlich gab es einen Krach. Das Haus drohte vor Schwanken zusammenzubrechen. Die kleine Lampe fiel von der Wand. Nun war es ganz dunkel. Die Fensterscheiben klirrten durcheinander. Granatsplitter und Holzstücke flogen durch den Keller. In den Holzstall, der fünfzehn Meter vom Hause entfernt stand, ging eine Bombe hinein. Es war zum Glück keine Brandbombe. Alle im Keller waren sehr erschrocken und fingen an zu jammern und zu schreien. Ob ich mich in dieses Geschrei auch eingefügt hatte, das weiß ich nicht mehr, denn es sind fünf Jahre her.

Doch was war das? Durch das von Splittern zerrissene Kellerfenster drang heller Lichtschein. Sollte es schon dämmern? Nein, es war die Stadt, die lichterloh brannte. Immer noch brummten die Motoren der schwerbeladenen Bomber. Sie wollten sicher auch noch ihre Last auf Gumbinnen werfen. Immer noch waren die Einschläge zu hören. Doch langsam verstummte das Gebrumme der Flugzeuge und der Tag brach an. Es war ein schrecklicher Anblick, als wir nach zehn Stunden das helle Tageslicht erblickten. Auf unserem Hof lag das ganze Dach des Nachbarhauses. Auf der Treppe lag die Hälfte eines von Splittern zerrissenen Kaninchens. Dann gingen wir in unsere Wohnung. Da sah es aus! Die Fensterscheiben lagen auf den Betten. Die Möbel waren von Splittern beschädigt.

Am nächsten Tag hörte man, was im Stadtinnern geschehen war. Dieser Angriff kam gerade, als die Betriebe und Geschäfte Feierabend machten. Die Straßen waren voll von Menschen. Jeder war auf dem Weg nach Hause. Da kam die Überraschung! Einige Tage nach dem Angriff fischte man Leichen aus dem Fluß, der durch Gumbinnen floß. Einer Frau war vom Luftdruck der Kopf abgerissen.

74 *Katholische Kirche*

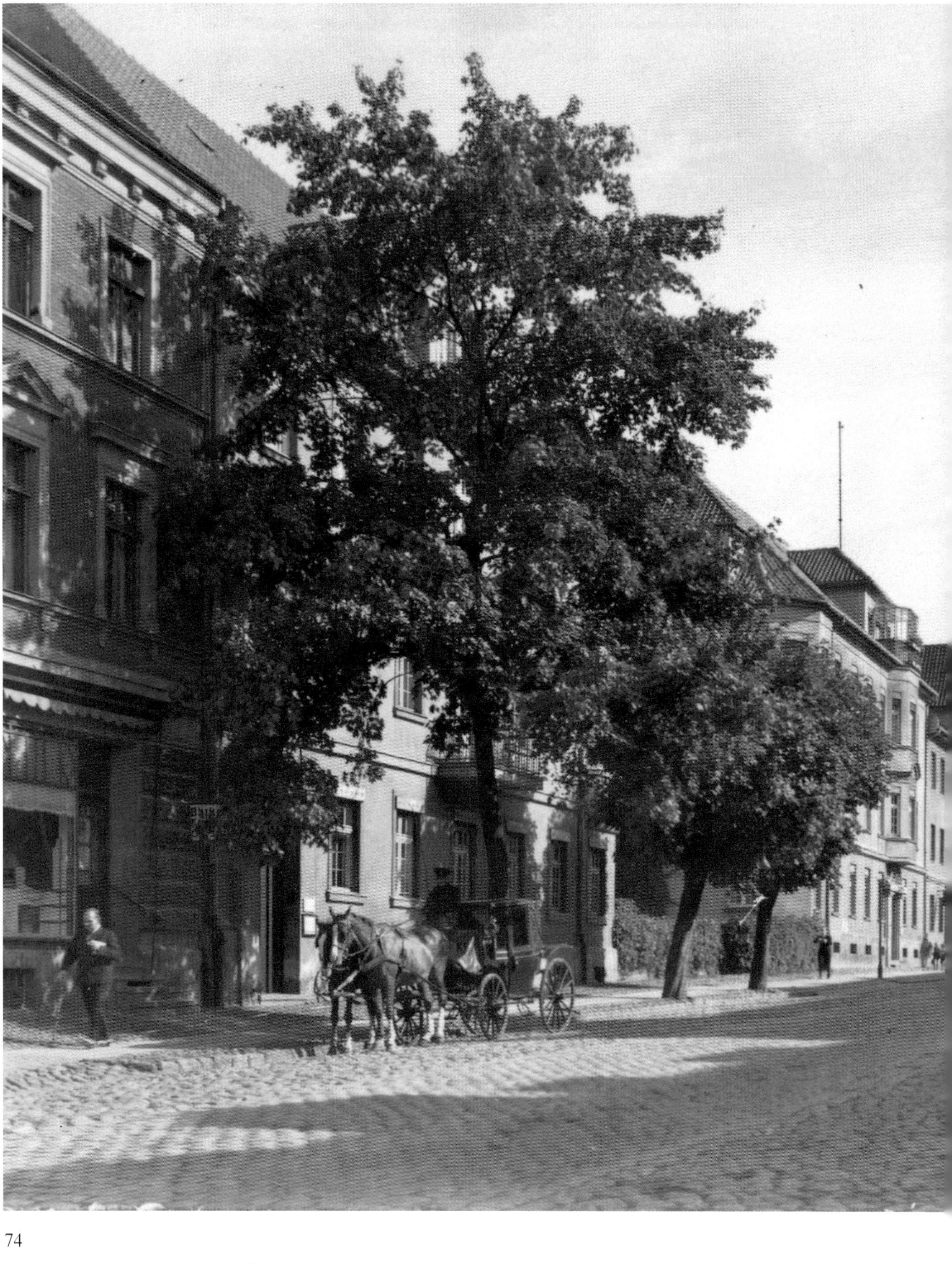

76 *Partie an der Neuen Brücke*

◁ 75 *Wilhelmstraße*

77 *Hauptstraße*

78 *Salzburger Kirche*

79 *Flußpartie und Carl-Brand-Brücke*

Räumungsbefehl

Unmittelbar berührte das Kriegsgeschehen das Wirken der Stadtverwaltung erst im Juni 1941, als am Tage nach dem deutschen Angriff auf Rußland feindliche Flieger die Stadt mit Bomben belegten, wobei neun Personen getötet und eine Anzahl von Gebäuden zerstört oder beschädigt wurden. Durch den schnellen Vormarsch unserer Truppen entfernten sich die Kampfhandlungen in wenigen Tagen von Ostpreußen. Bald galt unsere Heimat als Luftschutzkeller Deutschlands, der viele Bewohner bedrohter Gebiete anzog. Eine außerordentlich schwierige Aufgabe erwuchs der Stadtverwaltung im Sommer 1943 durch die kurzfristige Unterbringung von etwa 10 000 evakuierten Berlinern, zumal damals schon ein fühlbarer Wohnungsmangel bestand. Im Sommer 1944 rückte die Front wieder bedrohlich näher. Für den Bau des Ostwalles mußten erneut Kräfte abgegeben werden. Die evakuierten Berliner verließen Gumbinnen. Am 1. und 2. August 1944 brachten zwei Eisenbahntransporte Frauen und Kinder aus der Stadt in die im westlichen Teil der Provinz liegenden Kreise Braunsberg und Bischofsburg. Auch diese Maßnahme löste eine erhebliche Verwaltungsarbeit aus. In den folgenden Wochen beschossen russische Tiefflieger mit Bordwaffen am Tage wiederholt das Stadtgebiet, auch gab es im September mehrmals den Dienst behindernden Fliegeralarm, doch blieb Gumbinnen von größeren Luftangriffen verschont. Diese Stille vor dem Sturm nutzte die Stadtverwaltung und lagerte vorsorglich im großen Umfange Verwaltungsunterlagen, insbesondere Personenstandsregister, wichtige Akten, Zeichnungen, Büromaterial und dergleichen mehr nach Uderwangen, Kreis Preußisch Eylau, aus. Für diesen Zweck mieteten wir dort einen ehemaligen Tanzsaal. Am Mittwoch, dem 11. Oktober 1944, nahm die Unruhe in der Bevölkerung erheblich zu, da die Russen bis Heydekrug vordringen konnten. Nicht mehr Berufstätige durften nun die Stadt verlassen. Der Volkssturm wurde aufgestellt, der abermals Kräfte abzog.

Dann kam der 16. Oktober 1944, der als der schwärzeste Tag in der Geschichte unserer Heimatstadt anzusehen ist. Mit beginnender Dunkelheit warfen bei hellem Mondschein russische Flugzeuge, vorweg Kennzeichen setzend und in Wellen über das Stadtgebiet fliegend, etwa 800 Spreng- und Brandbomben ab. Die beiden evangelischen Kirchen, ferner unser Wahrzeichen, das Magazingebäude, sowie etwa ein Viertel der Wohn-, Geschäfts- und Wirtschaftsgebäude der Stadt gingen in Flammen auf oder wurden, wie auch die Brükken, stark beschädigt. Obwohl das Rathaus bereits Feuer gefangen hatte, blieb es dank des tatkräftigen, unerschrockenen Einsatzes der Hausfeuerwehr unter Leitung des schwerbeschädigten Heizers Franz Brandstätter verschont. Von dem auf dem Rathausdach befindlichen Flakturm aus bot sich dem Beschauer ein unbeschreibliches Inferno. Schauerlich der Anblick, als der Glockenstuhl der altstädtisch-lutherischen Kirche mit dem Geläut krachend in die Tiefe sank. Die unserer Feuerwehr zu Hilfe geeilten Insterburger und Tilsiter Wehren vermochten der Feuersbrunst bei dem entstandenen Luftsog wenig Einhalt zu gebieten.

Obwohl die Nachtruhe nur kurz gewesen war, mußte der Dienst am nächsten Tage pünktlich fortgesetzt werden, da die Hilfe der Stadtverwaltung allenthalben in Anspruch genommen wurde. Trotz aller beschwichtigenden Parolen steigerte sich das Unbehagen allgemein, bis in der Nacht vom 20. zum 21. Ok-

80 *Gymnasium/Friedrichsschule*

81 *An der Rominte*

82 *Königsplatz mit Oberpostdirektion*

85 *Regierung*

83 *Flußpartie mit Prang-Mühlenwerke*

86 *Alte Regierung*

84 *Königsplatz*

87 *Altstädtische Kirche*

tober 1944 der Reichsverteidigungskommissar für die restliche Zivilbevölkerung, einige Stunden später ebenso für die Behörden, endlich den Räumungsbefehl erteilte. Zu diesem Zeitpunkt standen feindliche Panzerspitzen schon vier Kilometer vor den Toren der Stadt.

(Aus: Gumbinner Heimatbrief No. 12/1969)

Unsere Kirche brannte

Als unsere evangelische Kirche am 16. Oktober 1944 von Bomben getroffen wurde und niederbrannte, war ich dabei und sah von der Kirchenstraße aus mit wehem Herzen zu. Das Feuer griff auch auf den Kirchturm über. Wir fürchteten, daß er zusammenfallen und auf die Häuser in der Nähe stürzen würde. Die brennende Turmspitze sah aus, wie ein gen Himmel gestreckter Finger Gottes, der uns mit furchtbarem Ernst ermahnte. Als das Feuer die Glocken erreichte, fingen sie von selbst an zu läuten – es klang wie ein Klagen. Dann brach der Turm in sich zusammen ohne weiteren Schaden anzurichten. *Lotte Hoppe*

88 *Überlandzentrale der Ostpreußenwerk AG in der Friedrich-Wilhelm-Straße*

89 *Häuser am Magazinplatz*

90 Klinik Dr. Wittmoser in der Goldaper Straße

91 Auf den Trümmern des nach dem Bombenangriff gesprengten Turmes der evangelisch-lutherischen Kirche

Gumbinnen gibt Alarm

Dienstag, den 17. Oktober 1944: Ein kühler, aber stiller, sonniger Oktobermorgen leuchtet zum Fenster herein.

Im hellen Mittagssonnenscheine ist Gumbinnen, das alte schöne, so recht eine «Wüstenei»: Noch immer brennt, raucht und schwelt es an vielen Stellen. Im Block am «Centralhotel» arbeiten noch immer zwei Schläuche und Flammen züngeln hier stets neu empor. Die Buchhandlung Haupt hat einen Sprengbombentreffer kleinerer Art erhalten. Regale mit verschmutzten und kalkstaubigen Büchern sind hier von innen her direkt stehend in die zertrümmerten Schaufenster gedrängt. Der Laden steht offen, verlassen und durchsichtig da. Bleich und ernst geht der Inhaber Haupt hier von Zeit zu Zeit die Straße entlang. Hinter der großen Kirche arbeitet Hermann Kais aus unserem Dorf mit seiner Maurerkelle am Ausbau des langen hölzernen Bunkers.

Ich erfahre zusätzlich Näheres über das große «Schrecknis» zu Beginn der furchtbaren Katastrophe von Gumbinnen: Die beiden Kinos der Stadt waren auch an diesem Abend, wie immer, von Besuchern, besonders jungen Mädchen mit ihren Soldaten, überfüllt, als am frühen Abend die Alarmsirene ertönte. Sofort wurden die Darbietungen unterbrochen, und alle Zuschauer mußten zur Straße. Hier wartete man in Scharen vor verschlossenen Türen auf die Entwarnung und den Wiederbeginn der Filmvorführung. So war es hier sonst auch an anderen Abenden; denn stets folgte auf einen Alarm recht bald die Entwarnung und der Wiederbeginn der Vorführung. Allein an diesem Abend sollte es anders kommen, ganz anders, als alle jungen, frohen Menschen es annahmen. Ganz plötzlich überflog eine Schar von Flugzeugen die verdunkelte Stadt; und Bomben rauschten ununterbrochen in großer Zahl hernieder. Es zischte, pfiff und krachte in unabsehbarer Folge, gerade über dem Zentrum der Stadt. Entsetzt stob die vor den Kinos wartende Menschenmenge auseinander; schon gab es hier Verletzte, auch Sterbende. Panikartig füllten sich die Keller der Umgebung des Marktes mit entsetzten Menschen; doch viele suchten ihr Heil in sofortiger Flucht. Hinter der hohen Kirchenmauer drängte sich schutzsuchend eine verängstigte Schar, aber auch hierher prasselten Sprengstücke und rissen manchen zu Boden. Man floh auch von hier entsetzt in die Weite. Man suchte unter der «Großen Brücke» Schutz, man lag auf den schrägen Flußhängen am Boden; und man flüchtete in Richtung des alten Friedhofs zur Stadt hinaus. Das Entsetzen fand kein Ende; es war der Anfang vom Ende der Stadt Gumbinnen. So fand man später die Leichen, Soldaten neben ihren Mädchen. Vor Hausmauern, auf den Flußuferböschungen und unter der «Großen Brücke», hinter der hohen Kirchenmauer. Die alte Kirche erhielt keinen Treffer; aber Flammen brennender Nachbargebäude flogen herüber und entzündeten eine sehr hoch liegende, nur kleine Stelle des Kirchendaches. Ein junger Soldat erkletterte mutig diese schwindelnde Höhe, doch gelang es ihm nicht, trotz eifrigster Bemühung und in erschreckend lebensgefährlicher Lage, über dem Dächermeer der Stadt diesen zunächst unscheinbaren Brand zu ersticken. So war denn auch unsere alte Lutherkirche recht bald ein einziges Flammenmeer. Auch innerhalb des hohen Turmes schwang sich wuchtig die Flamme empor, brachte plötzlich die gesamte schiefergedeckte Turmspitze in helles Glühen und das mannshohe vergoldete schwere Turmkreuz rotglühend unter furchtbarem Krachen zum Absturz. Funken stoben in alle Richtungen und entfachten stets neue Brandherde.

Montag, den 16. Oktober 1944: Ein Tag wie jeder andere des diesjährigen Herbstes: kühl, still und leicht trübe. Punkt 17.45 Uhr geht es los: Es summt und brummt von allen Ecken heran: Feindliche Flugzeuge überfliegen in größerer Zahl die Stadt. «Christbäume», 3, 4, 5, leuchten gleichzeitig auf. Gumbinnen gibt «Alarm». Und schon geht es los: In langen Serien krachen die Bomben, ganz nah. Zwischen schwächeren Schlägen fallen furchtbarste: Der gesamte Erdboden scheint zu schwanken.

Gumbinnen, ein einziges riesiges Flammenmeer! Hoch lodern und züngeln Heere von blutroten Flammen zur Höhe; blutig glüht dort der Himmel.

Später: Schwarz und schmutzig liegt im blutigen Scheine die Königstraße. Aus vielen Schläuchen spritzt und gurgelt das Wasser; Schlammströme fließen die Straße hinab, in denen zwischen Haustrümmern, Dachziegeln und geretteten Betten, Möbeln und Bündeln Männer und Frauen beschmutzt und rußgeschwärzt versuchen zu retten, was irgend nur möglich, und auch zu löschen, wo solches noch lohnend ist. Ein einziges schmutzig besudeltes Trümmerfeld voller jammernder, wimmernder Menschen ist heute unsere einst so herrliche Königstraße. Beiderseits lodern haushohe Flammen. Die Häuser von Kaufmann Köhler, Herbst, Lörzer, Czibulinski, Tank sind ein einziges riesiges Flammenmeer. Auf der anderen Straßenseite können die Häuser von Allenhöfer und das alte Magistratsgebäude als nur einzige unverletzt erhalten werden. Auch das alte ehrwürdige Magazingebäude liegt in furchtbarem Flammenmeer. Gebannt schaue ich von der «Großen Brücke» auf dieses «großartigste aller Schauspiele». Mit vielen Schläuchen arbeitet hier die Gumbinner Feuerwehr; doch ist alles vergeblich. Von Minute zu Minute scheint heute hier die Flamme höher und höher zu wachsen. Jenseits der Brücke brennt das «Centralhotel», und Feuergarben stieben, vom Winde getrieben, hoch in die Luft. Hier ist das «Menschengewühl» auf der Straße besonders dicht, man drängt sich hindurch zwischen schmutztriefenden, weinenden, «gaffenden» Frauen und Kindern. Der gesamte Häuserkomplex zwischen Palasttheater, Kirche und Fluß ist wieder ein einziges prasselndes Flammenmeer. Die hohe Decke des Kinotheaters geht furchtbar rollend zur Tiefe und treibt hohe Funkenschwärme zum Himmel. Auch die alte hohe Lutherkirche ist nur noch ein glühender Käfig ohne Dach und Turmspitze, nur mächtiges glühendes Mauerwerk. Auch weiterhin im Zuge der Stallupöner Straße brennt es an mehreren Stellen, allein ein Großteil der Häuser sind hier, bis auf Mengen zertrümmerter Fensterscheiben, unverletzt geblieben. Über Fensterglassplitter und Dachziegeltrümmer schreitet und stolpert hier der Fuß. Ich gehe langsam noch etwa bis in die Gegend des «Amtsgerichts», kehre dann um und mache den Gang durch die brennende Stadt zurück. *F. Wieske*

Insterburg

Insterburg, ehemalige Kreisstadt in Ostpreußen, am linken Ufer der Angerapp dicht oberhalb ihrer Vereinigung mit der Inster zum schiffbaren Pregel, 35 m ü. M., mit (1939) 48 700 meist evang. Einw., hatte eine große Garnison, Industrie- und Handelskammer, mehrere höhere und Fachschulen, Ziegeleien, chemische Betriebe, Drahtfabrik. Insterburg war Handelsmittelpunkt für den Großgrundbesitz der Umgebung und hatte daher eine umfangreiche landwirtschaftliche Verarbeitungsindustrie.

Die 1583 von Herzog Georg Friedrich mit Magdeburger Recht begabte Stadt mit der 1610–1612 erbauten Lutherkirche hatte sich aus vier benachbarten Siedlungen entwickelt. Der eigentliche Ursprung war die 1337 gegründete Ordensburg. Teilweise zerstört und wirtschaftlich erstorben steht Insterburg, ausgesprochene Garnisonstadt und Sitz hoher militär. Stäbe, seit 1945 unter sowjet. Verwaltung (Tschernjakowsk, Gebiet Kaliningrad).

Aus: Der Große Brockhaus, 16. Aufl., 1952–1957

Der Russe war regelmäßig über der Stadt

Man schrieb den 27. Mai 1942. Ein wunderschöner, lauer Maienabend. Am Himmel hingen Wolken. Der Regen war direkt zu riechen. Die Bewohner des Hauses Waldhausener Straße 18, in dem ich mit meinen Eltern wohnte, saßen im Vorgarten und unterhielten sich über Themen, die zu jener Zeit besonders interessierten. Meist über den Krieg, der nun schon fast drei Jahre dauerte. Gegen 21 Uhr brach die Dämmerung herein.
Ich selbst befand mich bei einem Sanitätslehrgang und gehörte der Feuerschutzpolizei an. Eine halbe Stunde nach 21 Uhr heulten die Sirenen. Nach dem Alarmplan hatte ich mich zur Feuerwache in der Kleinbahnstraße zu begeben, die ich im Laufschritt erreichte. Dort stand ein Motorrad für mich bereit, mit dem ich zur Luftschutzleitung in der Forchestraße zu fahren hatte. Dort stand ich als Meldefahrer zur Verfügung.

Der Alarm dauerte in dieser Nacht ungewöhnlich lange. Im Luftschutzkeller in der Forchestraße spielten die Kameraden Karten, um sich die Zeit zu vertreiben. Kurz nach Mitternacht ging ich nach oben. Ich brauchte frische Luft. Es hatte inzwischen heftig geregnet und die Luft war frisch und würzig.
Von fern, aus Richtung des Fliegerhorstes, hörte ich Sirenengeheul. Ich wunderte mich darüber. Gaben die etwa erst jetzt Alarm? Aus dem Luftschutzkeller eines in der Nähe befindlichen Kinos kamen Leute, die die Fliegerhorstsirenen auch gehört hatten und sie für Entwarnung nahmen. Ich klärte sie auf und schickte sie wieder in den Keller zurück. Und wie recht ich hatte, bewies die nächste Viertelstunde.
Einem komischen Gefühl folgend, begab ich mich auch wieder nach unten. Der damalige Chef der Feuerschutzpolizei, Leutnant Schulz, kam kurz darauf in den Luftschutzraum und berichtete, daß die Feuerwache angerufen hätte, daß in ihrer Nähe Bomben gefallen wären. Schulz meinte zu mir, wir wollten das beste hoffen. Die Bomben könnten ja in die Pulverwiesen gefallen sein. An diese Bemerkung erinnere ich mich noch sehr gut.
Um 0.35 Uhr kam ein Anruf vom Luftschutzblockwart Bandilla zur Zentrale, daß vor dem Hause Waldhausener Straße 18 eine Bombe eingeschlagen hätte, zwei Tote und mehrere Verletzte wären zu beklagen.
Als Meldefahrer erhielt ich den Befehl, zur Lutherkirche zu fahren und die Krankenwagen zur Waldhausener Straße zu schicken. Wie mir dabei zumute war, kann man sich denken. Zwei Tote und mehrere Verletzte: meine Eltern?
Als ich wieder zur Zentrale zurückkam, erhielt ich von Leutnant Schulz die Erlaubnis, zur Waldhausener Straße zu fahren und bei mir zu Hause nachzusehen. Auf der Fahrt dahin begegneten mir die

Krankenwagen, die die Verletzten ins Krankenhaus transportierten. In der Waldhausener Straße war helle Aufregung. Endlich traf ich meine Tante, die mir berichtete, daß meine Eltern ins Krankenhaus gebracht wurden, daß mein Onkel und Wilhelm Sand tot seien. Meine Mutter hatte leichtsinnigerweise in der Haustür gestanden, sie wurde von einem Bombensplitter getroffen, der Nachbarin Nabrotzki wurde der rechte Fuß abgerissen. Meinem Onkel, der zusammen mit Wilhelm Sand etwa drei Meter von der Einschlagstelle entfernt stand, wurden durch den Luftdruck die Lungen zerfetzt, von Wilhelm Sand fehlte der Kopf. Seine Tabakspfeife wurde später 40 Meter entfernt in dem Blumentopf einer Parterrewohnung gefunden.

Kurz nach mir erschien Bürgermeister Dr. Wander an der Einschlagstelle. Er organisierte die Hilfe für die Angehörigen.

Gegen 1.15 Uhr erfolgte die Entwarnung.

Um 2 Uhr kam mein Vater nach Hause. Er war ganz verstört und sagte, daß Mutter gestorben sei. Sie hatte einen zu hohen Blutverlust erlitten. Übrigens mußte mein Vater nach der Beerdigung auch noch ins Krankenhaus. Eine schwere Gehirnerschütterung wurde festgestellt. Kein Wunder, war er doch von der Straßenmitte aus zehn Meter weit in den Hausflur des Hauses geschleudert worden.

Wie es dazu kam, daß bei aller sonstigen guten Alarmdisziplin, sich die Einwohner des Hauses außerhalb des Luftschutzkellers befanden, konnte geklärt werden: durch den verspäteten Sirenenalarm des Fliegerhorstes. In den Kellern wurde der Sirenenton für Entwarnung gehalten. Nicht nur in

92 *Hindenburgstraße*

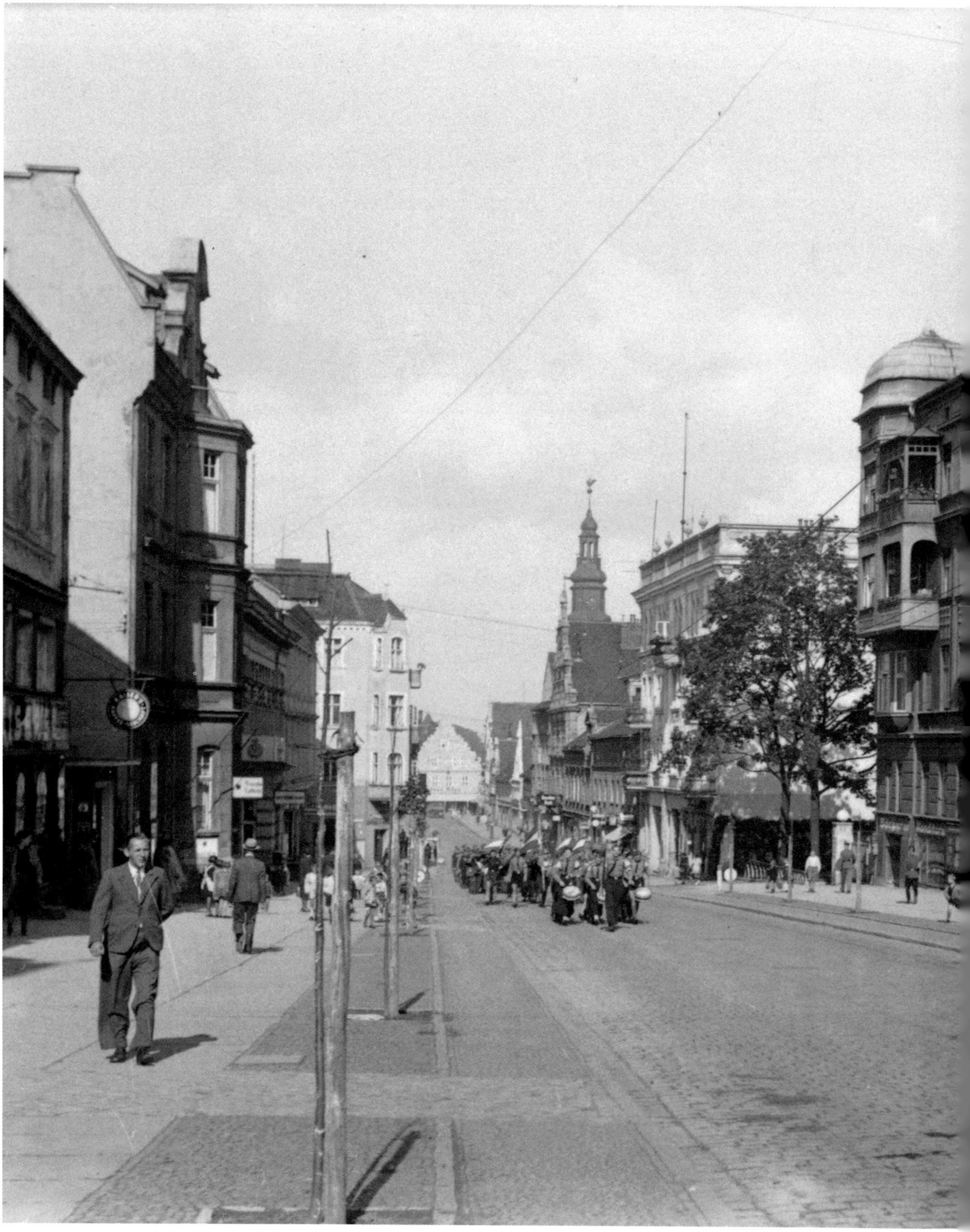

94 *Spritzenstraße*

95 *Alter Markt und Lutherkirche*

der Waldhausener Straße. Die Bombe hätte in unserer Stadt fallen können, wo sie wollte, sie hätte überall Opfer gefunden.

Auf den Eisenbahngeleisen Königsberg–Eydtkuhnen und Insterburg–Allenstein standen zur Zeit des Angriffs ein Militärtransportzug und ein Munitionszug. Sie bekamen wegen des Alarms keine Einfahrt in den Bahnhof. In einem der Waggons brannte Licht. Das angreifende Flugzeug mußte wegen der Wolkendecke recht tief fliegen. Der Bombenschütze hatte sicher das Licht gesehen und die Bombe ausgelöst, die dann allerdings 150 Meter vor dem vorgesehenen Ziel einschlug und die Bewohner des Hauses Waldhausener Straße 18 als Opfer forderte. Wäre sie in den Munitionszug gefallen, wäre die Katastrophe noch größer geworden.

Es war während des Zweiten Weltkrieges der erste Luftangriff auf Insterburg überhaupt. Der Russe erschien zwar fast regelmäßig über unserer Stadt und löste damit Luftalarm aus, aber bis dahin waren keine Bomben gefallen.

Bis eben in jener lieblichen, wenn auch regenfeuchten Maiennacht...

Die Zeitungsnotiz: «Feindlicher Luftangriff auf Insterburg – Drei Personen getötet, fünf verletzt – Das Reichspropagandaamt Ostpreußen gibt bekannt: In der letzten Nacht griffen feindliche Flugzeuge bei Störflügen über der Provinz die Stadt Insterburg an. In den Außenbezirken der Stadt wurden einige Bomben abgeworfen. Es entstand geringer Sachschaden; drei Personen, zwei Männer und eine Frau, wurden getötet, fünf weitere Personen verletzt, davon eine Frau schwer. Sämtliche verunglückten Personen befanden sich außerhalb der Luftschutzräume.»

93 *Hindenburgstraße*

96 *Stadthalle und Markthalle*

99 *Städtische Berufs- und Haushaltungsschule*

97 *Am Ulmenplatz*

100 *Bahnhofsvorplatz*

98 *Schloß Georgenburg*

101 *Schloß*

Über die Trauerfeier wurde u. a. berichtet: «... Unsere engere Heimat ist von Terrorakten lange verschont geblieben. So lebten wir hier in Insterburg trotz des Krieges in einer verhältnismäßigen Ruhe. Nun aber hat der Gegner auch unsere Stadt in den Schrecken des Krieges einbezogen. Drei Menschenleben sind es, die dem feindlichen Bombenwurf zum Opfer fielen. Sie starben für ein freies und großes Vaterland. Sie wurden durch ein hartes Geschick aus ihrer friedlichen Arbeit gerissen und sie wurden zu Blutzeugen für die Härte dieses Krieges.

Am Sonnabend wurden dann die drei Opfer, Minna Schumann, Fritz Katins und Wilhelm Sand, zur letzten Ruhe getragen. Die ganze Stadt nahm stärksten Anteil an dieser Trauerfeierlichkeit.

Der große Saal der Stadthalle war am Nachmittag des Sonnabends der Ort, der eine ergreifende Trauerfeier sah. Drei Särge standen, von Lorbeerbäumen flankiert, an der Stirnwand des Saales. Die Fahnen des Reiches, mit Trauerflor verkleidet, hingen ernst und schweigend von den Wänden. Der Saal vermochte die vielen Menschen kaum zu fassen, die gekommen waren, um den Toten die letzte Ehre zu erweisen ...»

Meine Mutter war unter den Toten ...
Ernst Schumann
(Aus: Insterburger Brief Mai/Juni 1972)

1944: Jede Nacht Fliegeralarm

Mitte Februar 1944 kamen meine Klassenkameraden zu den Luftwaffenhelfern. Ich wurde wegen eines damaligen Herzklappenfehlers nicht geholt. Fast alle von meinen Freunden waren fort mit denen ich seit über vier Jahren gemeinsam die Schulbank drückte. Ich beneidete sie, mag es ihre Uniform oder das Leben bei ihnen gewesen sein. Im Februar war die Wehrmachtsausstellung «Unser Heer» im Kaufhaus Daume.

Im Juni fand an einem sonnig heißen Sommersonntag der Tag der Luftschutzbereitschaft Insterburgs statt. Überall waren die Vorbereitungen für einen Luftangriff getroffen worden. Auf dem neuen Markt fand eine Ansprache des Kreisleiters Hener statt. Er sagte u. a.: «Ein Luftangriff soll uns nicht überraschen, wir werden ihm zu begegnen wissen. Und darauf verlaßt Euch, die Stunde der Bewährung kommt!»

Ich wollte damals etwas erleben und war vom Luftschutz begeistert. Am 1. Juli ging ich zum letzten Male in die Schule. Am zweiten war Gebietssportfest, das mir gut gefiel. Am 3. Juli, an dem es eigentlich erst Ferien gab, fuhr ich über Tilsit ins Wehrertüchtigungslager nach Eichwalde. Schon am anderen Tage kam ich über Königsberg zurück. Am 16. Juli kam der Aufruf zum Spateneinsatz an den Grenzen unserer Provinz. Ich war gerade im Begriff, alles zur Abreise vorzubereiten, als ich wieder freigestellt wurde.

So um die Mitte des Monats begann die feindliche Fliegertätigkeit über Ostpreußen. In den Luftlagemeldungen wurden wir wiederholt genannt. Am 24. Juli begannen dann die direkten Angriffe auf ostpreußische Städte. Jede Nacht, so zwischen 23 und 24 Uhr kam Fliegeralarm. Tilsit war das erste Ziel der Sowjetflieger. In Insterburg schoß nun die 8,8-cm-Flak zum dritten Mal seit Kriegsbeginn auf längere Dauer. Sechs Bomben fielen am Stadtrande. Die zweite Nacht Fliegeralarm, Tilsit war erneut das Ziel eines Angriffs. Am Tage schoß manchmal die Flak, ohne Warnung durch Sirenen. Die dritte Nacht war wieder eine Schreckensnacht für die Tilsiter. Der verhängnisvollste Abschnitt meines jungen Lebens aber wurde der 27./28. Juli. Ich werde das nie vergessen. Meine Eindrücke und Erlebnisse will ich so wahrheitsgetreu wie möglich wiedergeben:

Es war ein herrlich warmer und sonniger Julimorgen. Die Luft war voll von einer Spannung, die auf etwas Ungewöhnliches, Unabwendbares hindeutete. Etwas mußte kommen. Jedenfalls empfand ich Unbehagen, als ich um 8.15 Uhr aus dem Bett stieg. Gerade als ich im Badezimmer war und so über die vergangenen und kommenden Alarme nachdachte, heulten die Sirenen. Voralarm! Schnell angezogen, Gepäck bereitgehalten, Wassereimer rausgestellt und zum Vollalarm fertig! Glücklicherweise kam nach einer Weile Entwarnung. Ich hörte dann um 9 Uhr die Feindnachrichten. So um 11 Uhr ließ ich eine Weile Sender Weichsel spielen und ging dann in den Garten, um zu lesen. Auf Borkes Hof wurde ein Erdwall vor dem Luftschutzkeller angeschüttet. Abends pflückte ich im Garten Stachelbeeren und warf noch einige Schaufeln Sand auf den Erdwall vor dem Luftschutzkeller. Im Keller selbst rückte ich die Stühle, Tische und Geräte zurecht. Frau Eggert, die Luftschutzwartin, kam durch den Notausstieg vom anderen Keller herein und meinte zu mir: «Na, Sie machen wohl alles zum Alarm fertig? Man könnte sich hier bis zum Flie-

102 *Sportplatz mit Sporthalle*

103 *Peineturm und Schloßhof*

geralarm schon schlafen legen.» Es war ungefähr 22 Uhr. Ich ging hinauf und legte mich bei angelehntem Fenster hin, konnte aber nicht einschlafen. Dann gab es Voralarm! Wie elektrisiert fuhr ich hoch, raus! Licht an! Rein in die Klamotten! Schuhe an! Alles das Werk weniger Sekunden. Die Uhr zeigte auf 23.20 Uhr. Ich brauchte nichts zu packen und zu suchen. Alles hatte ich schon wie immer am Abend vorher besorgt. Viel Zeit blieb nicht mehr übrig bis zum Vollalarm. Meine Mutter hatte schon um 23 Uhr in der Luftlagemeldung gehört, daß feindliche Flugzeuge im Anflug auf Ostpreußen seien. Wir waren noch gar nicht richtig fertig, da heulte es schon, Vollalarm! 23.45 Uhr. Nun aber nichts wie in den Keller!

Wir befanden uns noch im Hausflur, als auch schon die Flak ihr mageres Abwehrfeuer eröffnete. Mein Vater blieb noch vor der Haustüre, kam dann aber sofort und blieb vorm Kellereingang stehen. Alle Hauseinwohner setzten sich und warteten darauf, daß die Flak aufhören würde zu schießen. Man sagte sich immer: Heute geht es bestimmt noch nicht los.

Flugzeuggeräusche wurden hörbar. Die Flak schoß unentwegt. Zwischen ihre Abschüsse mengten sich jetzt fremde, dumpfe Geräusche, die schnell mehr wurden. Frau Paulikat sagte: «Seht Ihr! Ich hab's ja gesagt, heut sind wir dran!» «Das war eine Bombe», meinte mein Vater. «Das war doch Flak», widersprach ich. «Na, hörst Du nicht das Pfeifen?» Die anderen wurden unruhiger. Im nächsten Moment fingen die Fensterscheiben zu zittern an. Schlag auf Schlag folgte Erschütterung auf Erschütterung, Scheiben klirrten, fielen raus. Die Erde bebte, das Pfeifen der fallenden Bomben hörte jetzt jeder. Die Kinder in unserem und im Nebenkeller fingen fast gleichzeitig zu schreien an. Die Frauen blickten angsterfüllt. Wieder Einschläge, jetzt immer näher. Die Gewalt der Explosionen ließ den Keller spürbar schwanken. Zerspringendes Glas, splitterndes Holz und das Zittern des Hauses in seinen Grundfesten. Das Licht flackerte. Die meisten von uns sprangen entsetzt auf und wollten raus. Und immer wieder: Pfeifen, Einschlag, ohrenbetäubendes Krachen, Bersten von Holz und Glas. Draußen mußte wohl alles drunter und drüber gehen. Wir alle kamen kaum zur Besinnung. Da! Wieder ein Pfeifen, laut zu hören und wie unabwendbar. Plötzlich blieb das Pfeifen aus. «Na? Wo wird die bleiben?» rief mein Vater. Auf einmal ein ganz kurzes Knallen – alles war nun wie totenstill – und dann ein ohrenbetäubendes Brechen, Splittern. Alles wurde wie von einer ungeheuren Eisenfaust gepackt und dann hin und her geschüttelt. Doch nur ein Augenblick so, dann war's vorüber und die «Hölle» bei uns im Keller brach los. Nichts war zu sehen! Eine graugelbe Wolke von Staub, Kalkstaub und Pulverdampf hing in den Kellergängen und -räumen. Ich dachte – Weltuntergang! Schreien, Weinen, Jammern, Rufen und Springen der Menschen! Wir waren alle halb hochgeschleudert worden, halb sprangen wir von alleine auf. Undeutliche Umrisse von sich bewegenden Gestalten. Mein Vater rief: «Alles raus! Raus aus dem Keller!» Ganz wie ohne Willen ging ich auf den Gang, von anderen gedrängt, die zum Teil aus dem Nachbarkeller kamen und an mir vorbeistürmten.

Es war ein Volltreffer gewesen, wogegen ich annahm, daß die Bombe ziemlich nahe gefallen sein mußte; denn einen Einschlag auf das Haus stellte ich mir noch schlimmer vor. Frau Lutze schrie weinerlich: «Meine Inge, Trauti! Ach Gott! Die Kinder liegen unter den Trümmern!» Ich dachte, alles wäre nun verrückt, ich mit. Ganz mechanisch setzte ich die Gasmas-

104 *Blick auf den Schloßteich*

105 *Eisenbahnbrücke im Angerapptal*

106 *Städtisches Schwimmbad*

107 *Strandbad*

ke auf, nachdem ich «Gasmasken auf» in die Menschenmenge brüllte. Mein Vater führte das Kommando. «Raus aus dem Gang, die Fenster sind ungeschützt, Ihr könnt getroffen werden! Kommt in diese Ecke, unter den Kellerbogen. Los, Herr Hanowski, Sie in die andere!» Die Einschläge waren nun etwas weiter weg. «Wo wollen Sie hin?» rief meine Mutter der Frau Luka zu, die raus wollte. «Bleiben Sie doch hier, draußen werden Sie getroffen!» Doch raus war sie mit den Kindern. Nun waren wir, Frau Ruge, Frau Günther, Frau Eggert mit Tochter und deren Kind. Frau Paulikat mit Hajo, Böhnerts Verwandte, Frau Quednan mit den Kindern und Herr Wasgindt unten. Die Luft war zum Ersticken. Sie erschwerte das Atmen. Herr Wasgindt, der als einziger verletzt war und eine blutende Kopfwunde hatte, ging zum Hofeingang raus, trotz all unserer Warnungen. Die Hoftür brauchte er nicht mehr zu öffnen, da sie vollkommen zersplittert war und nur lose in den Angeln hing. Er kam nach einer Weile zurück und sprach ganz wirr: «Das ganze Wasgindtsche Haus fehlt ja, sofort Meldung machen an die Luftschutzstelle.» Wir beruhigten ihn. Alle jammerten und beteten.

Ich blickte raus. Welch ein Anblick! Durch die zerfetzte Tür schaute ich in den rot gewordenen Himmel, «Weihnachtsbäume» und Brände waren die Ursache. Über dem Kellereingang hingen zersplitterte Balken, gerissene Drähte, lagen Schutt, Ziegelsteine und Teile von der Dachrinne. Ich überzeugte mich selbst von den Trümmern des Nachbarhauses.

Wir glaubten, alles wäre nun vorüber, als erneute Motorengeräusche hörbar wurden. Es wird sicher eine neue Welle gewesen sein. Ich hatte eine richtige Wut auf die NS-Führung, die so vieles versprach, und wovon jetzt nichts zu sehen war. Die Flak schoß nur noch selten. Und von neuem ging es los. Wieder neues Pfeifen, Einschlag, Erschütterung. Alles duckte sich. Eine gewaltige Detonation. Unwillkürlich stütze ich mit den Händen die Decke. Türen flogen wie von Geisterhand bewegt auf, andere wurden gerüttelt, Wände ruckten einige Male kurz. Gläser, Geschirr, Metall, Holz usw., alles klang und klapperte, und ein orkanartiger Windstoß folgte. Ich dankte Gott, daß alles noch so gut abgegangen war, und wir alle wollten schon befreit aufatmen, als nach zehn Minuten erneut ein Bombenhagel niederging. Ich glaubte da wirklich, jetzt kommt unser Ende. Laut betete ich. Doch mit einem letzten Einschlag verstummte das Krachen. Noch eine Weile blieb ich unten vor der Gasschleuse, dann folgte ich den anderen. Nun konnte

108 *Blick in die Generalstraße zum Alten Markt*

ich auch den Stahlhelm abnehmen. Entwarnung gab es nicht, weil die Sirenen nicht funktionierten. Der Angriff hatte 70 Minuten gedauert. Meine Mutter rief mich rauf. Es sah schlimmer aus, als ich es mir gedacht hatte. In meinem Zimmer, von wo aus ich ins Freie treten konnte, lag meterhoch der Schutt, fast alles war zerschlagen. Ich sah genug: Ausgebombt!

Doch wie sah es draußen aus! Uns gegenüber, neben Radtkes Haus, lagen 27 Tote! Der Weg zu Figgels war von den Trümmern des Hauses Nr. 9 versperrt. Irgendwo im Hause war ein Wasserrohr geplatzt. Ringsum Brände. Ich ging in die Nachbarstraßen. Ziegelstaub fegte mir in die Augen. Menschen eilten an mir vorbei. In der Ferne brannte lichterloh «Fels», das Eckhaus an der Waldhausener Straße. Durch die Georg-Friedrich-Straße eilte ich, vorbei an Herrn Linenau, auf unseren Hof, in unseren Garten. In den Karnickelbuden war noch teilweise Leben. Der Feuerschein von den brennenden Häusern in der Siehrstraße gab ein unwirkliches Licht. Über uns zogen dichte Schwaden von Qualm und Rauch westwärts, der Himmel war nicht zu sehen. Unschlüssig standen wir alle umher. Es mochte wohl so zwischen 1.30 und 2 Uhr sein. Rotkreuzhelfer kamen mit einer Tragbahre, doch wir verwiesen sie zur gegenüberliegenden Seite. Mit Vater räumte ich in unserem Keller auf. Unser ganzes Luftschutzgepäck brachten wir dort rein und stellten es erhöht, weil die Gefahr bestand, daß geplatzte Wasserrohre Überschwemmungen verursachen könnten. Mein Rad war unversehrt geblieben. Mit Ruth Spod ging ich in Richtung Ziegelstraße. Kurz vor Nuß' Laden kamen uns Menschen aufgeregt entgegengelaufen und riefen: «Zurück! Es ist wieder Voralarm!»

Ich lief sofort zurück, traf meine Eltern und fragte sie, was ich tun sollte. In den Keller wollte ich nicht mehr zurück, so sagte ich ihnen, ich fahre mit dem Rad weg und komme bei feindfrei wieder. Meine Mutter machte wohl noch Einwände, aber fort war ich. Die Schuhe hatte ich schon vorher gewechselt. Raus das Rad und los ging's über die Haustrümmer von Haus Nr. 9, vorbei an Bombentrichtern, Löschzügen, über Glassplitter, vorbei an flüchtenden Menschen, weg in Richtung Gaitzuhnen. Ich fuhr so schnell ich konnte. Menschen, die am Vorabend geflüchtet waren, traf ich am Grabenrand sitzend. Nach einigen Minuten hielt ich an, unschlüssig, ob weiter oder zurück. Am Himmel zogen dichte Rauchschwaden von Insterburg her. Da andere Radler sagten, in Insterburg

109 Dienergasse an der Rückseite des Rathauses

110 Albrechtstraße, im Hintergrund das Gymnasium

wäre jetzt Vollalarm, fuhr ich bis Gaitzuhnen, wo ich endlich in einem Deputantenhaus Einlaß fand. Auf meinen Wunsch nach etwas Wasser gab die Frau mir Milch und ein Stück Butterbrot. Auf der Rückfahrt durch die Siehrstraße mußte ich langsam fahren, teils das Rad schieben. Die Häuser links und rechts der Straße waren zum Teil ausgebrannt, teils schwelte es noch. Sprengbomben schienen hier weniger gefallen zu sein. In der Obdachlosensammelstelle traf ich meine Mutter und dann meinen Vater. Mit ihnen ging ich nach Hause. Die Ziegelstraße war mit Trümmern und Glasscherben bedeckt. Die Obusleitung war teilweise abgerissen. Im beschädigten Laden von Nuß wurde bereits wieder verkauft. Gegenüber waren Müllers Haus und das «Tintenfaß» zerstört, auf dem Ortsgruppenbüro war eine Bombe niedergegangen. Wir bogen in unsere Straße ein, die wüst aussah. Bei Fräulein Sablowski stellte ich mein Rad unter. Im Hause Nr. 10 und Hinterhaus waren ebenfalls die meisten Bewohner ausgebombt. Eine große und eine kleine Bombe war auf den Hof gefallen und hatte beide Häuser arg mitgenommen.

In unserer Wohnung räumten wir die freistehenden Sachen weg, bargen Möbel und Betten ins große Zimmer. Das Radio hatte zwar Strom, doch es spielte nicht mehr. Meine beiden Pappflugzeuge auf dem Ofen waren erledigt, (Do 215 und Ju 88), ich warf sie aus dem Fenster auf den Hof, wo auch Haustrümmer lagen. Unsere Wohnung war unbewohnbar, da Einsturzgefahr bestand. Die Außenwände standen schief, die Fußböden in Küche und Badezimmer waren verzogen. Die Türen gingen nicht zu, wir hatten Mühe, die Speisekammer zu öffnen. Wir brachten nun unser ganzes Gepäck, Koffer, Körbe und Waschwannen zur Obdachlosenstelle in der Ziegelstraße, wo Autotransporte gegen elf Uhr die Bombengeschädigten aufs Land bringen sollten. Ein Gedanke beseelte uns alle: Nur raus aus der Stadt, bevor es wieder losging. Viele Bekannte trafen wir hier. Da waren Leugwinats, Lukas, Eschments, Brambiers, Paulikats und viele andere Leidensgenossen. Vater besorgte uns die Zulagenkarten für Bombengeschädigte. Dann stand auch unser Omnibus vor der Telefonzelle in der Erich-Koch-Straße, ein zweiter fuhr dahinter, doch war er nur als Gepäckwagen gedacht. Nach einem kurzen Abschiedswinken für die Zurückbleibenden, die aber mit dem nächsten Bus nachkommen sollten, ging's los in schneller Fahrt nach Neunassau. Überall sahen wir Spuren vom Angriff. Auf dem Alten Markt räumte Militär Schutt weg und half auch in anderen Straßen. Durch das Mühlenstraße, Theaterstraße, vorbei am Gaswerk ging's nach Georgenburg, wo wir rechts abbogen. Jetzt, wo wir uns außer Gefahr wähnten, ließ auch die Spannung nach. In Neunassau stiegen alle vor dem Gasthaus «Alt» aus. Von hier aus begann die Einweisung.

Jürgen Wiedhöft

Es war meine Heimat

Insterburg im Bombenhagel! Ich bin keine geborene Insterburgerin, und doch war es meine Heimat. Ich habe dort 1932 geheiratet und sechs Kinder geboren. Meiner Erinnerung nach sind die ersten Bomben in der Nacht vom 12. auf den 13. April 1943 gefallen. Mein jüngster Sohn wurde in dieser Nacht geboren. Gegen 22 Uhr gab es Fliegeralarm, als um 3 Uhr morgens die Entwarnung kam, war mein Sohn bereits da. Ein Arzt konnte nicht kommen, da alle im Einsatz waren. So erschien eine Hebamme aus der Hindenburgstraße. Morgens hörte man dann, daß es bei dem Angriff Tote und Verwundete gegeben habe.

An die Schreckensnacht am 27./28. Juli 1944 kann ich mich gut erinnern. Es fielen Bomben und ein Teil der Stadt bestand nur noch aus Trümmern. In der Augustastraße habe ich auch einen Tieffliegerangriff erlebt. Eine Bäckersfrau, die schräg gegenüber wohnte, wurde erschossen. Sie hatte noch eine Gießkanne in der Hand, war auf dem Weg zum Friedhof. Auch meine Wohnung war zerstört, die Türen waren aus den Angeln gerissen, die Kachelöfen beschädigt und die Fensterscheiben kaputt. Wir wurden nach Luisenberg evakuiert. Von dort aus konnte man sehen, wie die Stadt noch mehrmals bombardiert wurde. Etwa am 2. August 1944 wurde ein Munitionszug getroffen. Am 4. August 1944 – ich besitze noch die Fahrkarte – mußten wir wegen der näherrückenden Front Insterburg für immer verlassen.

A. Lautner

Memel

Memel wurde 1253 vom livländ. Ritterorden der Schwertbrüder und Bischof Heinrich von Kurland um die «Mümmelburg» angelegt, mit niederdeutschen Kolonisten besiedelt und erhielt 1258 Lüb. Stadtrecht. 1312 wurde die Stadt befestigt. Seit 1328 war Memel eine Komturei des Deutschen Ritterordens unter dem Landmeister von Preußen, im 16. Jahrhundert entwickelte es sich zu einem wichtigen Handelsplatz. Mit Ostpreußen war Memel 1757–1762 von den Russen besetzt. Vom 8. Januar 1807 bis 15. Januar 1808 war es die Zufluchtstätte der Königin Luise und der kgl. Familie. Um die Jahrhundertwende wurde der Hafen erweitert, vertieft und modernisiert. Durch den Versailler Vertrag von Deutschland abgetrennt, war Memel 1924–1939 der Sitz des Gouvernements und Direktoriums für das Memelgebiet. Es wurde am 22. März 1939 an Deutschland zurückgegeben. Nach dem Zweiten Weltkrieg kam die Stadt, die schwere Schäden erlitten hatte, an die Litauische Sowjetrepublik. Seit 1950 ist der Hafen wieder in Betrieb.

*Aus: Der Große Brockhaus
16. Aufl., 1952–1957*

111 *Stadtpanorama*

Attrappenstadt sollte helfen

In der in Ost-Berlin erschienen «Geschichte des Zweiten Weltkrieges» ist nachzulesen, daß bereits im Juli 1942 sowjetische Flugzeuge die Stadt Memel angegriffen haben. Offensichtlich haben sie jedoch keinen großen Schaden angerichtet. Ziel war vermutlich eher die deutsche Ostseeflotte im Hafen als die Stadt selbst. Wie Georg Grentz, der Kulturreferent der «Arbeitsgemeinschaft der Memellandkreise» vermutet, waren es besonders klimatische Gründe, die in den ersten Kriegsjahren größere Bombenangriffe vereitelten. Durch seine Lage am kurischen Haff und der Ostsee hatte Memel sowohl im Frühjahr als auch im Herbst und im Winter nicht selten Nebel. Bei der damaligen technischen Ausrüstung hatten es Flugzeuge daher schwer, die Stadt zu finden. In den Straßen hatte man außerdem «Nebeltonnen» verteilt, die in klaren Nächten bei Luftgefahr abgelassen wurden. Wie Grentz weiter mitteilt, war außerhalb von Memel eine Attrappenstadt errichtet worden, die durch eine «mangelhafte Verdunklung» feindliche Flugzeuge auf sich ziehen und somit irreführen sollte. Nach Tagebuchnotizen von Elisabeth Kluwe wurde Memel am 29. Juli 1944 erstmals stärker bombardiert. Als am 2. August sowjetische Verbände weiter gegen die ostpreußische Grenze vordrangen und zwischen Augustowo und der Memel standen, wurde der Landkreis evakuiert. Am 12. September rückten deutsche Truppen in die Stadt ein, die am 7. Oktober von einem großen Teil der Zivilbevölkerung verlassen wurde. Während Ostpreußen Kampfgebiet wurde, fand

112 *Stadttheater mit Ännchen-von-Tharau-Denkmal*

113 *Neuer Markt* ▷

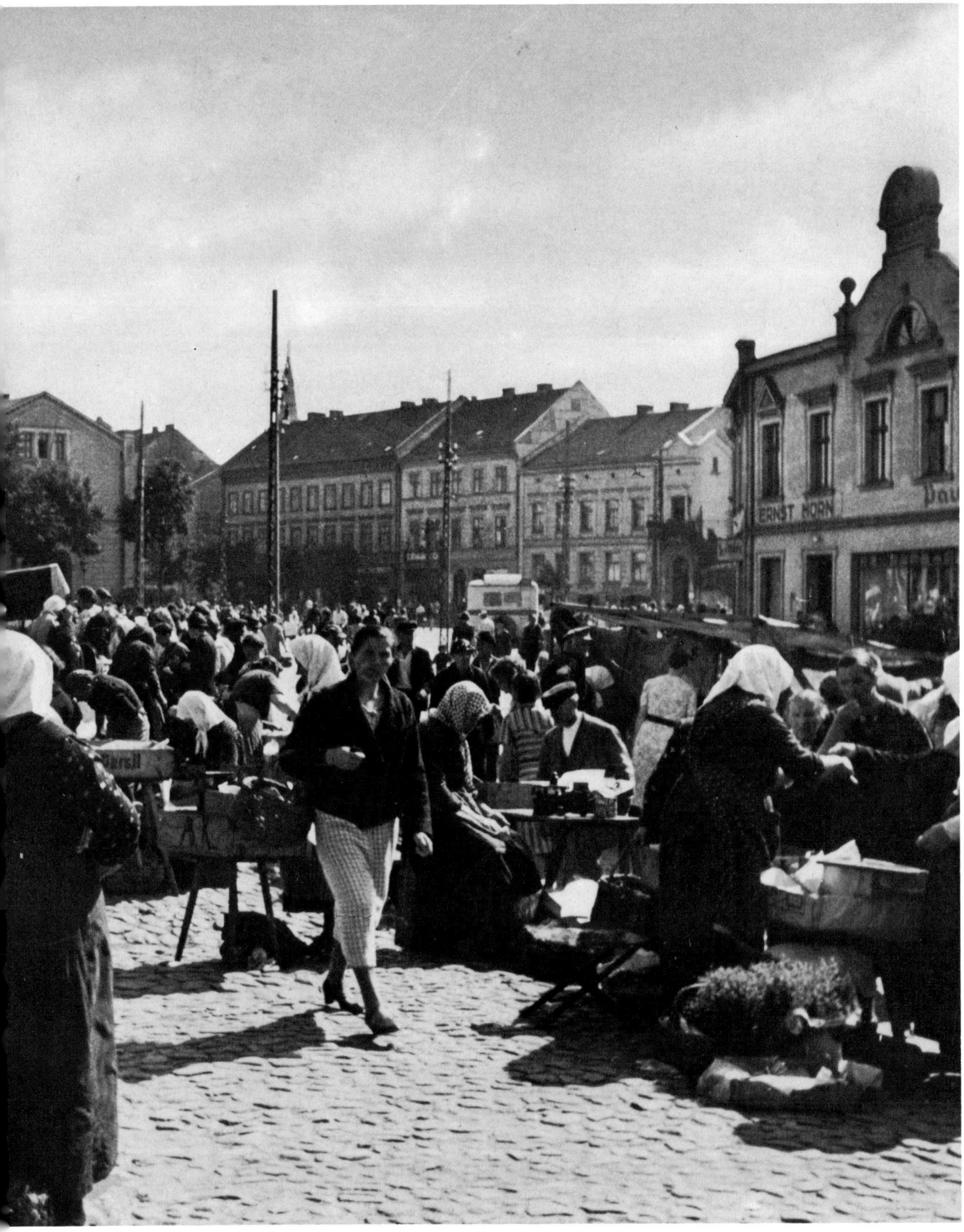
ERNST HORN

114 *Rathaus*

116 *An der Börsenbrücke* ▷

115 *Alte Reismühle*

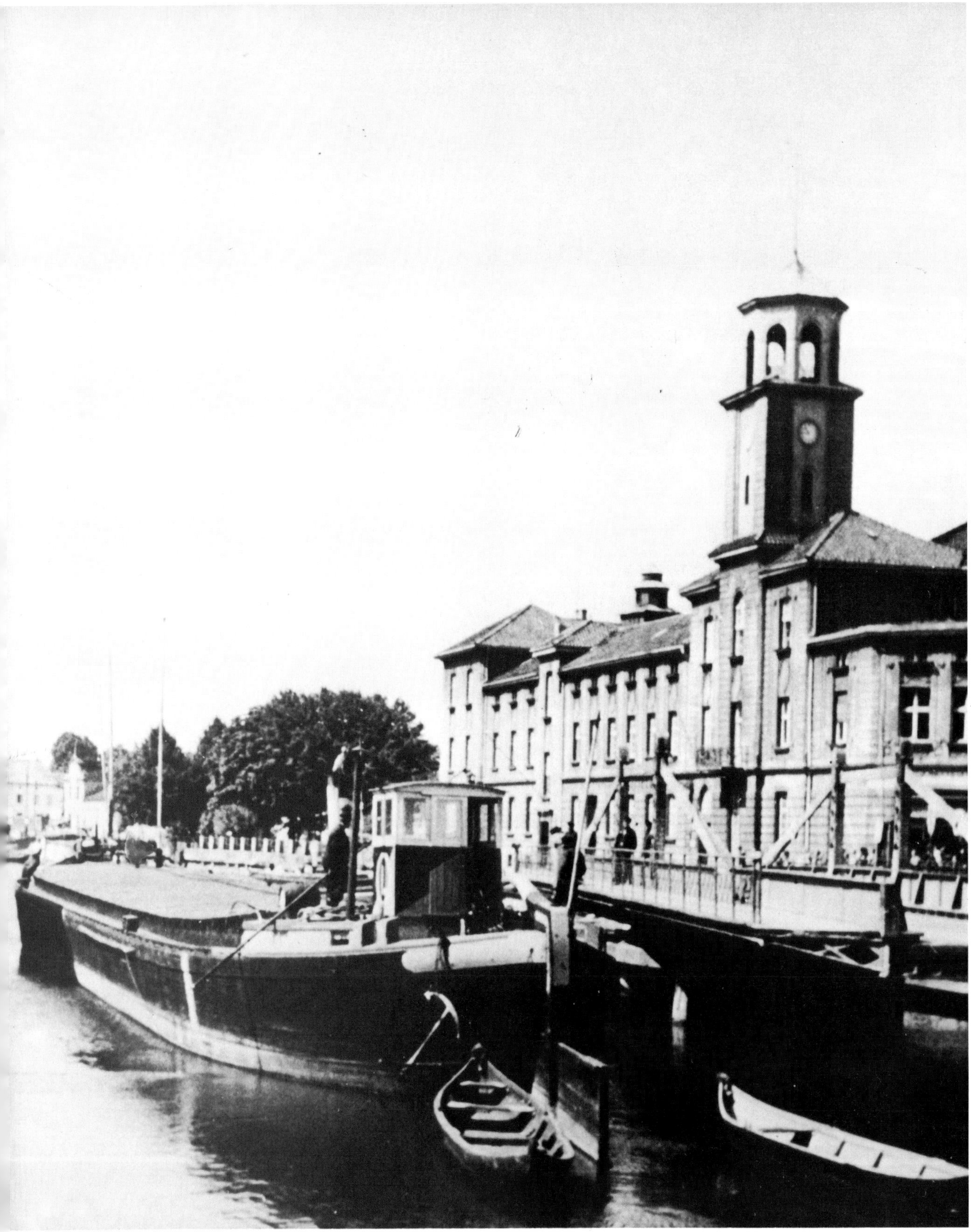

117 *Fischerhafen*

118 *Fährboot «Sandkrug»*

im ganzen übrigen Reichsgebiet ein «Wehrertüchtigungstag der Hitlerjugend» statt. Reichsjugendführer Axmann meldete Hitler, daß sich bisher «70 Prozent des Jahrgangs 1928 freiwillig zu den Waffen gemeldet haben». Hitler selbst erklärte in einem Aufruf an die Hitlerjugend: «Ihr aber als junge nationalsozialistische Kämpfer müßt unser ganzes Volk an Standfestigkeit, zäher Beharrlichkeit und unbeugsamer Härte noch übertreffen!» So wurden auch beim Kampf um Memel sechzehnjährige Jungen eingesetzt. Viele von ihnen standen als Flakhelfer an den Geschützen.

Werner Ebeling berichtet im «Memeler Dampfboot» 1954: Erst Anfang Oktober, als das unvorstellbare Verhängnis unabwendbar hereinbricht, beginnen viele Memelländer ihre Flucht nach Westen. Auf den Straßen lagern flüchtende Zivilisten, als am 6. Oktober feindliche Bomber die Stadt überfliegen und ihre tödliche Last teils in das Tief und in den Ortsteil Bommelsvitte werfen. Sie richten kaum Schaden an. In der Nacht vom 6. auf den 7. Oktober ist die Stadt in der Ferne von vielen Häuserfackeln umgeben. Am 7. Oktober werfen einzelne Flieger ungenau Bomben. Auch sie richten kaum Schaden an. Bereits am Abend des gleichen Tages wird die Stadt dauernd von Aufklärern überflogen und mit leichten Bombenabwürfen belegt. Der 8. Oktober ist der erste Großkampftag der neuerklärten «Festung». Am 9. Oktober rollen dichte Bomberverbände über die Stadt dahin. Es fallen massiert Bomben, besonders auf die Hafengegend, in den Häuserraum südlich der Dange beim Marktplatz, der Flachswaage (einem aus dem Jahre 1840 stammenden romanisierenden, blendengegliederten Putzbau mit zweigeschossigen Flügeln), dem Regierungsgebäude, der Marktstraße und ebenso nördlich der Dange beim Rathaus, der Börse und vor allem in Bommelsvitte.

Brände lohen auf. Seit dem Morgengrauen des 10. Oktober rollen pausenlos geschlossene Bomberangriffe über die Stadt hin.

Memel gleicht einem Brandhaufen. Am 11. und 12. Oktober gehen die Angriffe weiter. Wichtige Gebäude wie die Börse, mehrere Schulen und Kirchen und Lagergebäude des Hafens sind zerstört. Der Stadtteil zwischen Friedrichsmarkt und Festungsgraben hat heftig gelitten, ebenso die Häuserfläche zwischen Waldschlößchen und dem Tief.

Die Memeler Volkssturmmänner und junge Burschen erhalten Auszeichnungen und Anerkennungen für vorbildlichen tapferen Einsatz in Bombennächten. Blutige Opfer mußten gebracht werden. Brände beleuchteten die zusammenstürzenden Häuser, über denen die ganze Nacht hindurch Leuchtfallschirme standen.

Memel hat, so Ruth Maria Wagner, heute keine Kirchen mehr. Verschwunden also ist die reformierte Kirche, die zwischen 1779 und 1782 erbaut und um 1860 von August Stüler erneuert wurde. Wer heute in den Hafen einfährt, vermißt den freistehenden markanten Turm dieses einst teilverputzten Backsteinbaues. Auch die auf die mittelalterliche «St.-Maria- und Martha-Kirche» zurückgehende Jakobuskirche wurde wie die Johanniskirche vernichtet. Das gleiche Schicksal erlitt die in der Mitte des 19. Jahrhunderts erbaute katholische Kirche mit ihrer dreischiffig gewölbten Halle aus Rohbackstein. Weitgehend erhalten dagegen blieben die Häuser in der Marktstraße, die alte Stadtbücherei und das sogenannte Beamtenhaus. Ein neues, ungewohntes Bild bietet die Alte Sorgenstraße. Wenn auch umgebaut, so steht an ihrem Platz dicht an der Börsenbrücke die alte Sparkasse. Die Reichsbank wurde zum Theaterplatz hin erweitert.

119 *Winterhafen*

120 *Motorschiff «Tannenberg»*

121 *Börsenbrücke*

123 *Börsenstraße, Richtung Börsenbrücke, rechts Eisenhandlung Schwerdter* ▷

122 *Liebauer Straße*

101

Tilsit

Tilsit, Stadtkreis und ehemals Kreisstadt des Kr. T.-Ragnit in Ostpreußen, links an der schiffbaren Memel, 15 m ü. M., mit (1939) 59 100 meist evang. Einw., hatte kommunale, staatl. und private höhere Lehranstalten und Fachschulen, Stadttheater, Wetterwarte, Stadtbücherei, Museum, Provinzialheilstätte, Zollbehörden; bedeutenden Transitumschlag über die Memel nach Rußland, Litauen und dem Memelgebiet; Getreide-, Vieh- und Holzhandel, Holz-, Zellulose-, Papier-, landwirtschaftliche Verarbeitungsindustrie.

Tilsit, bis ins 19. Jahrhundert Tilse genannt, entstand um eine 1406–1409 erbaute Ordensburg und erhielt 1552 Stadtrecht. Bedeutendere Bauten sind die Deutsche Luther-Kirche (1598–1612), ein Putzbau mit Turmhelm (1702), die Litauische Kirche (1757), ein beiderseits halbrunder Bau, das barocke Rathaus (1752–1755).

In Tilsit kam nach Begegnungen zwischen Napoleon und Königin Luise von Preußen sowie zwischen Napoleon und Alexander I. von Rußland am 7. 7. 1807 der Friede von Tilsit zwischen Frankreich und Rußland, am 9. 7. zwischen Frankreich und Preußen zustande, der den Krieg von 1806/07 beendete. In den letzten Monaten des Zweiten Weltkrieges kam Tilsit erheblich zerstört unter sowj. Verwaltung (Sowjetsk).

Aus: Der Große Brockhaus, 16. Aufl., 1952–1957

1941: Die ersten Bomben

Als die deutsche Wehrmacht am 22. Juni 1941 frühmorgens die deutsch-sowjetische Grenze überschritt, warfen sowjetische Flugzeuge die ersten Bomben auf Tilsit. Sie beschädigten das Elektrizitätswerk so schwer, daß der Strom ausfiel, auch waren mehrere Tote zu beklagen. In einem Luftschutzkeller in der Lindenstraße starb Frau Reink, geborene Weissenborn, mit ihren beiden Kindern. Ihr Mann, Alfred Reink, war Geschäftsführer oder Pächter der Drogerie Forstreuter in der Hohen Straße. Der nächste Bombenangriff erfolgte im Frühjahr 1943. Wir haben die vielen Bombentrichter in der Gegend Fabrik/Wasserstraße besichtigt. Durch Erschütterung waren in unserem Haus Öfen schadhaft geworden, im Sommer wurden sie von Ofensetzern aus Thüringen neu gesetzt, wir erhielten zwei neue weiße Kachelöfen. Als Angestellter der Molkereigenossenschaft Tilsit gehörte ich mit mehreren anderen Kollegen dem Werkluftschutz an. Wir waren geschult, um bei Brandverletzungen und Knochenbrüchen erste Hilfe zu leisten. Im Sommer 1944 setzten die schweren Luftangriffe auf Königsberg und Tilsit ein. Im Juli wurde ein Munitionszug am Verschiebebahnhof getroffen. Die ganze Nacht hindurch explodierten die Geschosse, und erst als der ganze Zug ausgebrannt war, kam die Entwarnung und wir konnten den Luftschutzkeller verlassen. In der Nacht vom 26. zum 27. Juli 1944 wurde die Stadt von einem besonders schweren Luftangriff heimgesucht, der bis zum frühen Morgen dauerte und ein Chaos hinterließ. Am Abend vorher hatten wir Angestellten – wie seit Beginn der Luftangriffe – sämtliche Bücher, Schreib- und Rechenmaschinen usw. auf Lastwagen geladen und uns in die Umgebung der Stadt bei Milchlieferanten in Sicherheit gebracht. In der gesamten Nacht hielten wir uns auf dem Gut des Herrn Dr. Reimer-Hegehof in Baumgarten auf und sahen von hier aus entsetzt die Verwüstung unserer schönen Stadt. Ein Flammenmeer färbte den Himmel rot. Auf der Rückfahrt zerfetzte Bäume und Telegrafenleitungen, in der Stadt rauchende Trümmer, in den Straßen lagen noch die Schläuche der Feuerwehr, die aber wenig retten konnte, denn eine riesige Menge von Spreng- und Brandbomben hatten die Feinde abgeworfen. Auch meine Eltern und ich standen vor den Trümmern des ausgebrannten Hauses Marienstraße 13, in dem wir seit 1930 gewohnt hatten. Die Eltern fanden dann Aufnahme bei Verwandten in Braunsberg. Hier konnten sie endlich ruhig schlafen und sich erholen. Weitere Luftangriffe folgten. Anfang August wurde der hohe Schornstein des Molkereigebäudes total zerstört und dadurch der Betrieb lahmgelegt. Um die in der Stadt verbliebene Bevölkerung – Frauen mit Kindern und alte Leute waren evakuiert – mit Milch- und Milchprodukten versorgen zu können, wurde eine Lokomobile besorgt, um die benötigte Milchmenge be- und verarbeiten zu können. Die größere Menge der angelieferten Milch-Gesamtlieferung, im Sommer täglich 80000 bis 85000 kg, mußte an Molkereien in der Umgebung weitergeleitet werden, die vom Bombenangriff verschont geblieben waren.

Für die gesamte Belegschaft war es eine schwere Zeit. Ende August 1944 erlebte Königsberg einen sehr schweren Luftangriff, der große Stadtteile in Brand setzte. Die breite Rauchfahne trieb der Westwind über Tilsit hinweg gen Osten. Auch Tilsit versank immer mehr in Schutt und Asche. Am Tage überflogen auch Tiefflieger die Stadt. Als die Ostfront bedenklich näherrückte, wurde der Räumungsbefehl auch für unseren Betrieb erteilt. Am 12. Oktober 1944 verließ das Büropersonal Tilsit. Das Büro-Inventar wurde auf Lastwagen geladen und in der Molkereigenossenschaft Liebenfelde fanden wir vorübergehend Aufnahme. Im November ging es weiter nach Braunsberg. Hier haben wir in einer Gaststätte die letzten Abrechnungen für die Milchlieferanten gemacht und

124 Alter Hof mit Blick auf die Deutschordenskirche

an sie das Milchgeld ausgezahlt. Auch die waren in und um Braunsberg untergebracht als Flüchtlinge, die Güter, Bauernhöfe, das erstklassige schwarz-weiße Herdbuchvieh zurücklassen mußten, einem ungewissen Schicksal ausgeliefert.

Bei den Bombenangriffen vom 24. bis 27. Juli 1944 wurden 154 Gebäude, bei dem Nachtangriff vom 23./24. August 45, bei dem von 26./27. August 815 Gebäude völlig zerstört. 201 Häuser wurden schwer, 200 leichter beschädigt.

Betten für den Luftschutzkeller

Kurz nach Kriegsbeginn im Jahre 1939 gab es Broschüren, wie man sich im Falle eines Luftangriffes zu verhalten habe. Später wurden Gasmasken verteilt, Übungen durchgeführt. Ein Luftschutzwart wurde von jedem Haus gewählt. Dieser hatte eine Ausbildung zur Ersten Hilfe gemacht. Bei Beginn des Rußlandfeldzuges wurden Splitterabsicherungen vor den Luftschutzkellern geschaffen. Vom Schutzkellerfenster etwa 50 bis 60 cm entfernt, wurden starke Bretterwände, die mit Erde gefüllt wurden, errichtet, damit Bomben- oder Flaksplitter nicht in das Schutzkellerfenster eindrangen. Holzbalken, Holzstämme und Eisenträger wurden zum Verstärken der Kellerdecken verwandt.

Unser Schutzraum war mit drei Querbalken und einem Balken, der an der Seite der oberen Kellerdecke langlief, abgestützt. Zwei Feuerlöscher, mehrere Eimer sowie Kisten mit Sand und Wasserbehälter standen ständig im Keller bereit. In dem Schutzkeller stellte man Bänke und Stühle als Sitzgelegenheit für die Schutzsuchenden auf. Die Haustüren durften bei Fliegeralarm nicht verschlossen werden, um Passanten, die sich draußen aufhielten, schnellstens Zugang zu einem Luftschutzraum zu verschaffen.

Im Jahre 1943 bekamen wir zwei Bettgestelle in den Schutzraum. Wenn trotz des Fliegeralarms die Nächte ziemlich ruhig waren, konnte man etwas schlafen. Wir hatten auch Decken im Keller, im Winter zum Schutz vor der Kälte und im Ernstfall – bei Brand – sollten sie naßgemacht und über den Körper gerafft werden. Sie sollten auch vor Staub schützen.

Im Badezimmer standen zwei Eimer mit Sand. Von Mai 1944 an war auch die Badewanne stets mit Wasser gefüllt.

Einige Koffer mit Kleidern, Wäsche, Bettwäsche und Schuhen standen bereit. Eine Aktentasche nahm meine Mutter stets mit und hütete sie wie einen Augapfel. Darin befanden sich Urkunden der Familie, wichtige Dokumente, Sparbücher, Zeugnisse und Schmuck sowie einige Silbergegenstände.

Wenn am Tage Fliegeralarm war, mußten meine Großmutter oder ich diese Aktentasche mitnehmen, da meine Mutter berufstätig war.

Vor den Wohnungsfenstern waren Rollos aus schwarzem Papier angebracht, die bei Einbruch der Dunkelheit heruntergelassen wurden. In den Fluren strich man die Glühbirnen mit blauer Farbe an, ein kleiner heller Schlitz in der Mitte warf dann das Licht nach unten.

Am 22. Juni 1941 gab Adolf Hitler im Radio die Kriegserklärung an Rußland bekannt. Einige Stunden später heulten die Sirenen und die ersten Bomben fielen auf Tilsit. Es waren Bomben leichten Kalibers, die keine so großen Schäden anrichteten.

In der Lindenstraße wurden damals zwei oder drei Häuser zerstört. Die Eßzimmer waren teilweise noch mit gedecktem Frühstückstisch zu sehen. Ein Haus, in dem sich eine Gaststätte befand, wurde sehr schwer beschädigt. Nach sieben Monaten war das Haus wieder völlig hergerichtet.

Einige Todesopfer waren zu beklagen.

Weitere Angriffe erfolgten immer in den Nächten zu Hitlers Geburtstag, richteten aber ebenfalls keine großen Schäden an. Um den Fliegern zu entgehen, fuhren wir zu unseren Verwandten aufs Land.

Vom Einsetzen des Alarms bis zum Eintreffen der Flugzeuge vergingen meistens 20 bis 30 Minuten. Man konnte sich noch vollständig anziehen und den Luftschutzkeller aufsuchen.

Mitte Mai 1944 wurden wir von einem Großangriff überrascht. Ohne vorherige Warnung oder Alarm, standen plötzlich am Himmel die Leuchtraketen, ähnlich wie Tannenbäume. Es war fast taghell und man konnte alles erkennen, selbst in den Räumen. Wir konnten uns nicht einmal mehr richtig anziehen, nahmen das Handgepäck und stürmten in den Keller. Detonationen erschütterten das Haus, wir wurden durcheinander geworfen. Gegenüber unserem Haus standen viele Wehrmachtslastwagen, denn unweit waren die Kasernen. Sie waren das Ziel. Unzählige Bomben schlugen ganz in unserer Nähe ein. Wir saßen in gebeugter Haltung, immer neue Einschläge erschütterten die Wände. Große Angst überfiel uns, kein Wort wurde gewechselt, manche falteten die Hände zum Gebet. Die Kinder schrien und weinten, die Mütter nahmen sie ganz fest in die Arme, um ihnen etwas Geborgenheit zu geben.

Ich habe das Lied «Ein feste Burg ist unser Gott» als Gebet gesprochen. Wir glaubten nicht, jemals lebend den Keller verlassen zu können. Bis in die Morgenstunden dauerte der Angriff. Die Angst im Nacken, der Körper zitterte, so verharrten wir Stunden.

Draußen wurde es hell und es kam die erlösende Entwarnung! Ein Stoßgebet sandte mancher zum Himmel, meine Großmutter schlug das Kreuz. Dann ging es in die Wohnung. Die Fenster waren alle zertrümmert, die Fenster- und Türrahmen kaputt, große Riße in den Wänden, Kalkstaub. Die Möbel im Wohn- und Eßzimmer beschädigt, zerborstenes Kristall und Porzellan lagen herum. Nur die Küche und das Badezimmer waren heil, die Fensterscheiben allerdings entzwei. Die Betten lagen voller Glas- und Holzsplitter, Kalkstaub, Reste von Tapeten, eine grausame Verwüstung.

Wir sahen uns die Schäden an. Keiner sagte ein Wort, großes Schweigen. Voller Verzweiflung waren wir – dann kam ein unendlicher Tränenstrom, der nicht versiegen wollte.

Meine Großmutter sagte: «Dankt Gott, daß wir alle noch am Leben sind.» *Helga Skibba*

125 *Deutschordenskirche*

126 *Rathaus und Deutschordenskirche*

Es war grauenhaft

Nach dem harten Winterfeldzug, den ich im Raum Kursk/Orel miterleben mußte, wurde ich als damaliger Bahnhofsvorsteher u. k. gestellt. Im Mai 1942 übernahm ich die Leitung des Bahnhofs Kukoreiten, im Memelgebiet zwischen Heydekrug und Memel gelegen. Die beiden schwersten russischen Luftangriffe auf Tilsit wurden im August/September 1944 verübt. Der erste schlug deshalb fehl, weil die russischen Flieger die Weisung erhalten hatten, sich immer links von der Memel zu halten, dann könnten sie Tilsit nicht verfehlen. Nun haben sich die russischen Piloten zweifelsohne durch den brei-

105

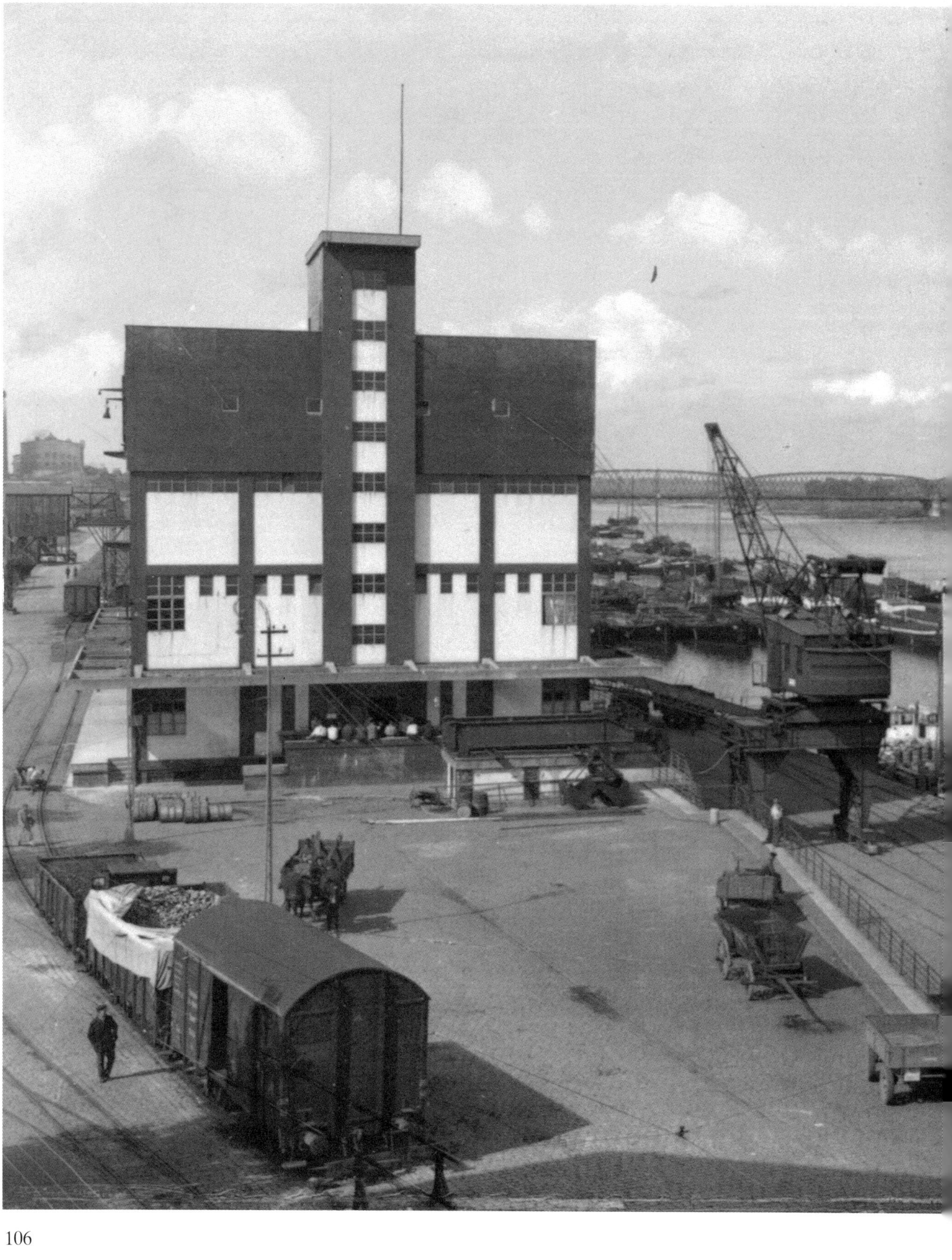

128 *Hohe Straße*

ten, flußähnlichen Mühlenteich irritieren lassen. Dieser Mühlenteich, vom Osten aus gesehen, von links kommend wird von der Tilßele, einem schmalen aber reichlich Wasser führendem Flüßchen gespeist. Das Wasser wird im Mühlenteich gestaut und je nach Wasserstand durch die Schleusenbrücke in die Memel abgelassen. Dieser Mühlenteich war nach Meinung der russischen Piloten der Verlauf der Memel. Zum damaligen Glück für die Tilsiter erfolgte der riesige Bombenabwurf in einem nur ganz wenig bewohnten Gelände. Der sehr große «Bracksche Friedhof» wurde dabei fast total durch die Bombenabwürfe verwüstet. Nachdem die Russen ihren Fehler erkannt hatten, starteten sie etwa zwei bis drei Wochen später einen erneuten schweren Luftangriff auf die zu dem Zeitpunkt nahezu wehrlose Stadt Tilsit. Bei diesem verheerenden Angriff gingen etwa sechzig Prozent der Stadt in Trümmer. Alle Straßenzüge links von der Memel (vom Osten aus gesehen) gingen in einer Breite von etwa zwei- bis dreihundert Metern in Schutt und Asche. Fast alle Häuser von der Memelstraße über die Deutsche Straße bis zur Hohen, teilweise sogar bis zur Fabrikstraße wurden zerstört. Ich habe mir die Zerstörungen einige Tage später, als ich in Tilsit als Eisenbahner zu tun hatte, ansehen können. Es war grauenhaft. Einen ernsthaften Widerstand deutscherseits gab es kaum noch. *Bruno Dumschat*

127 *Hafen*

Tilsit
- Königin-Luise-Brücke

Unterricht unter freiem Himmel

Im Juni 1941 Angriff auf die Sowjetunion. Ich war ein Kind, gut dreizehn Jahre alt, als das begann und wohnte am südlichen Ortsrand der Stadt in einer reinen Wohngegend. Unsere Straße diente gelegentlich als Durchgangsstraße für Truppenteile. Ein Ausflugslokal und die Oberschule für Jungen waren für kurze Zeit von der Wehrmacht besetzt. In unserer Nähe, am Ufer des Mühlenteiches stand ein Funkwagen geschützt unter überhängenden Bäumen und Büschen. Wir Kinder turnten um den Wagen herum, war er doch auf unserer Spielwiese abgestellt.

Vereinzelt gab es Fliegeralarm, wir suchten den Schutzraum in der Oberschule auf. Es ereignete sich sonst nichts. Wenige Tage nach Beginn der Auseinandersetzung mit der Sowjetunion kam es im Nordosten zu einem Luftgefecht. Die gegnerischen Flugzeuge wurden abgedrängt. Ich konnte das beobachten. Danach blieb es ruhig bis zu der Nacht vom 19. zum 20. April 1943.

Die Stadt fahnengeschmückt, die Jugend auf dem Max-von-Schenkendorf-Platz aufmarschiert, erwartete den Reichsminister Dr. Robert Ley. Er kam etwa um die Mittagszeit. Der Empfang war mäßig.

Der Tag ging in eine klare Vollmondnacht über. Es gab Fliegeralarm. In mehreren Wellen überflogen gegnerische Flugzeuge unsere Stadt und luden Bomben ab. Es dauerte drei Stunden. Die Stadt lag offen und war ganz ohne Schutz. Getroffen wurde u. a. ein Wohnhaus uns gegenüber. Die Bewohner wurden sämtlich verschüttet und getötet. Es waren acht Tote, Kinder und Erwachsene.

Am Ende unserer Straße verbrannte ein Kornspeicher. In der Stadtmitte brannte die Bürgerhalle aus, in der zuvor der Festkommers für Minister Ley stattgefunden hatte. Das Gesundheitsamt wurde stark beschädigt, vor dem Haus war ein tiefer, großer Krater. Geringfügig beschädigt wurden das E-Werk und der Bahndamm auf der östlichen Seite der Memel vor der Brücke.

Die Bevölkerung war verunsichert. Mütter mit Kindern wurden vorübergehend ins Umland evakuiert. Der Schulunterricht wurde eingeschränkt, später bis zum Spätsommer wieder notdürftig aufgenommen. Unterrichtet wurde unter freiem Himmel, aber auch in der Litauischen Kirche, auch alte Kirche genannt, abgehalten. Meine Herzog-Albrecht-Schule, eine Knabenmittelschule, wurde zum Lazarett.

Die Aufräumungsarbeiten kamen schnell voran, die Bevölkerung beruhigte sich. Es wurden jedoch Splittergräben gebaut. Die Behörden gaben sogenannte Volksgasmasken aus. Ihr Aufsetzen wurde geübt. Der Luftschutz wurde intensiviert. Es gab kurze Lehrgänge in der Brandbekämpfung, wobei vor allem der Umgang mit Stabbrandbomben vermittelt wurde. Mehrmals habe ich, neben anderen, Wache gehalten.

15jährige Schüler bildete man an verschiedenen Plätzen der Stadt zu Flakhelfern aus.

Das ging bis in die Sommerferien hinein, anschließend kamen wir zum Ernteeinsatz oder zum Panzersperrenbau ins Memelland.

Den Untergang Tilsits im Juli 1944 erlebte ich daher aus der Ferne.

Reinhold Gawehm

129 *Königin-Luise-Brücke*

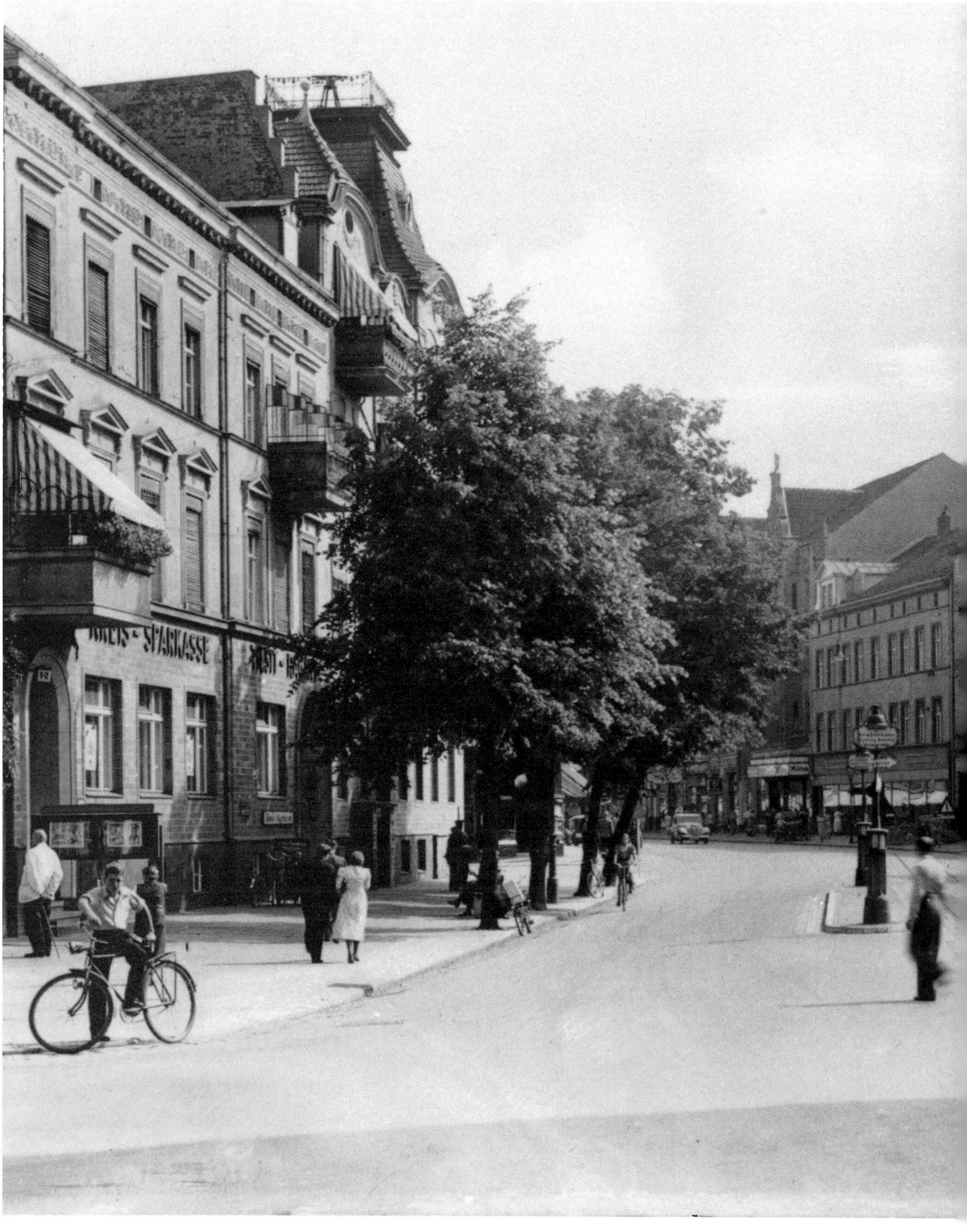
SPARKASSE

131 *Grabenstraße mit Gymnasium*

◁ 130 *Hohe Straße*

132 *Stadttheater*

133 Rathaus mit Max-von-Schenkendorf-Denkmal und Blaurockschem Haus

134 Auf dem Anger, im Hintergrund das Stadttheater

Das Reichspropagandaamt gibt bekannt

Das Reichspropagandaamt Ostpreußen gibt bekannt:
Die Zahl der Toten bei dem Luftangriff auf Tilsit in der Nacht vom 20. zum 21. April hat sich nach den bisherigen Feststellungen auf 97 erhöht.
Die Ereignisse in der Nacht zum Mittwoch, in der feindliche Mordbrenner ausschließlich Wohnviertel unserer Stadt mit Spreng- und Brandbomben bewarfen, werden in der Geschichte Tilsits immer als das Schandwerk des jüdisch-bolschewistischen Bombenterrors eingetragen werden. Diesem Terror, mit dem der Gegner die Heimatfront treffen will, setzen wir die feste innere Haltung entgegen, die bereits durch die Tapferkeit der Herzen und die Hilfsbereitschaft aller in der Nacht zum Mittwoch Beweise gezeigt hat, die der Tilsiter Bevölkerung zur Ehre gereichen. Wir wissen, daß solche Terrorangriffe nur die Volksgemeinschaft noch enger gestalten und jene Kameradschaft im Alltag vertiefen, die vom Soldaten an der Front täglich in noch viel höherem Maße nicht nur verlangt, sondern mit Selbstverständlichkeit erfüllt wird. Von seiten der Partei und den übrigen zuständigen Stellen wurden sofort nach dem Angriff alle Maßnahmen eingeleitet, um den Geschädigten jede Hilfe angedeihen zu lassen. Die obdachlos gewordenen Volksgenossen wurden überall bereitwilligst in die Wohnungen anderer Volksgenossen aufgenommen. Hier gilt die Parole: Wir rücken zusammen. Auch von seiten der Stadt wurden über das Ernährungs- und Wirtschaftsamt sofort alle Hilfsmaßnahmen für die Bombengeschädigten eingeleitet.
Neben dem hervorragenden Einsatz der Polizei, der Feuerschutzpolizei, des Sicherheits- und Hilfs-

dienstes und der Technischen Nothilfe hat auch das Rote Kreuz Vorbildliches geleistet. Ebenso beteiligte sich auch die Wehrmacht an den ersten Hilfsmaßnahmen.

Die Erfahrungen im Westen des Reiches und bei dem letzten Terrorangriff auf die Gauhauptstadt bestätigten sich auch in Tilsit insofern, als man feststellen konnte, daß in den meisten Fällen, in denen Wohnhäuser getroffen wurden, die Schutzräume in den Kellern ihrer Aufgabe vollkommen gerecht geworden sind. Der Luftschutzraum bietet eben im Angriffsfalle die größte Sicherheit. Werden durch einen Volltreffer auch die Keller zerstört, dann sind die Einwohner des betreffenden Hauses, die in ihren Wohnungen geblieben sind, im gleichen Maße, wenn nicht noch mehr gefährdet. Es muß daher immer wieder davor gewarnt werden, bei Fliegeralarm in den Wohnungen zu bleiben. Schließlich sei noch darauf hingewiesen, daß sämtliche Selbstschutzkräfte verpflichtet sind, sich in den Luftschutzräumen aufzuhalten, damit sie jederzeit zum Einsatz kommen können.

Die Ereignisse in der Nacht zum Mittwoch haben uns gezeigt, wie stark auch wir in einem der vordersten Gräben der Heimatfront stehen. Wir verstehen jetzt ganz klar die Nöte des Kampfes und erkennen die Bedeutung des totalen Krieges. Der Feind wird auch bei uns nur das Gegenteil von dem erreichen, was er erhofft.

(Aus: Memelwacht 22./23. April 1943)

135 *Königin-Luise-Denkmal*

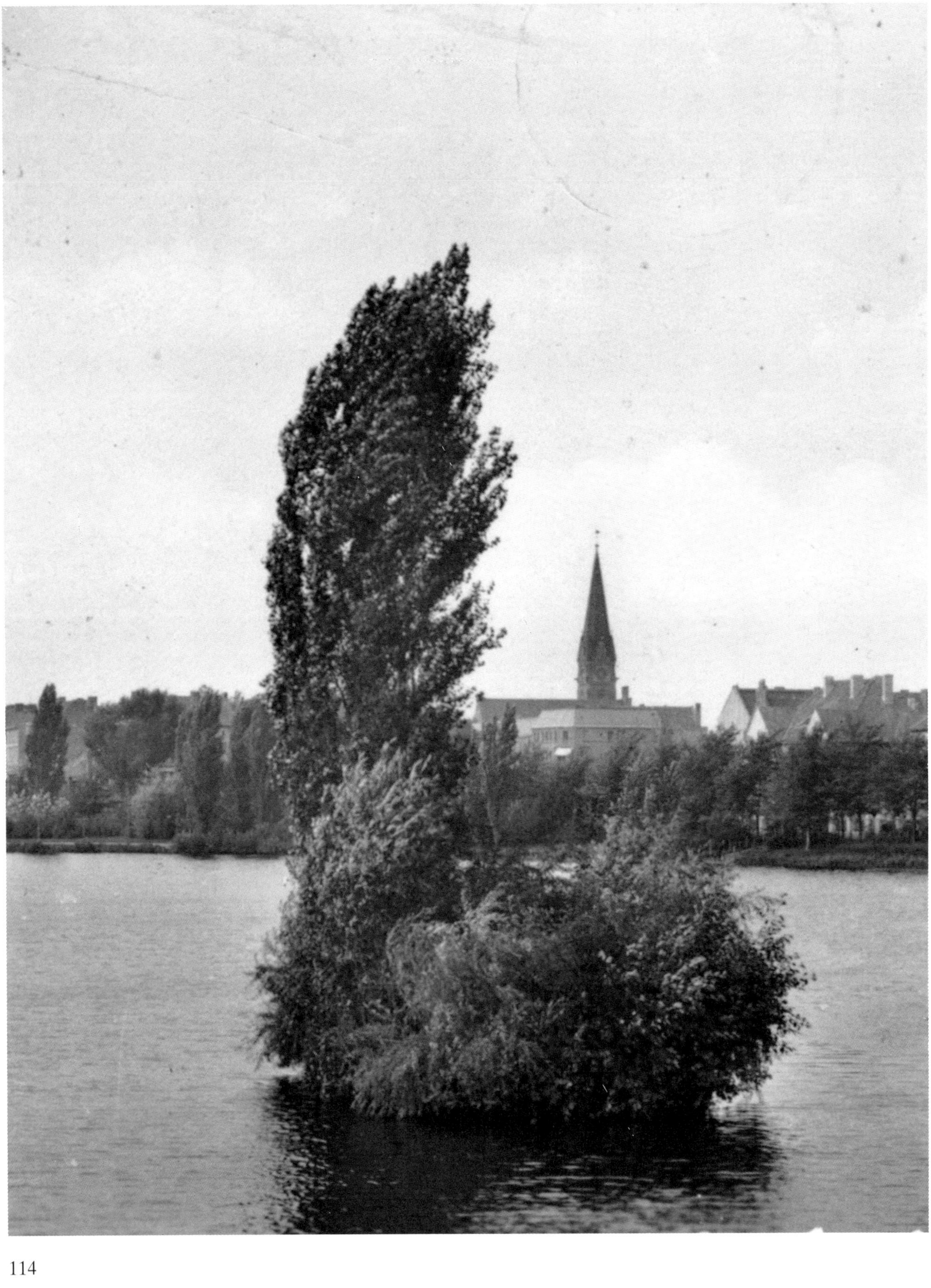

137 Inneres der katholischen Kirche Maria Himmelfahrt

138 Garten- und Hintergelände der «Bank der Ostpreußischen Landschaft» Am Hohen Tor. Noch rauchen die Schornsteine der Ostdeutschen Hefewerke (OHT) Tilsit

«Sieghaft-heroischer Ausklang»

Zwischen zwei flammengekrönten Pylonen standen am Ostersonnabend zur letzten Ruhe gebettet die mit Tannenkränzen und Hakenkreuzschleifen geschmückten Särge der Opfer, die bei dem Terrorangriff sowjetischer Flieger in der Nacht vom 20. zum 21. April ihr Leben lassen mußten. Vor der gemeinsamen Ruhestätte standen die Hinterbliebenen, ihnen gegenüber die Fahnengruppe der NSDAP, und ihrer Gliederungen, die Vertreter der Partei, der Wehrmacht und des Staates. Auch ein Ehrenzug der Wehrmacht und der Schutzpolizei war unter Gewehr angetreten. SA, Pol. Leiter, HJ, BDM, ebenfalls formationsweise angetreten, vervollständigten das Viereck. An der Trauerfeier nahmen teil der Stellvertretende Gauleiter Parteigenosse Großherr, der Kommandierende General Wodrig und Regierungspräsident Dr. Rhode und all die anderen Vertreter der Partei, der Wehrmacht, des Staates und der Stadt Tilsit. Ein Musikkorps der Luftwaffe spielte ernste Rhythmen Beethovenscher Musik, deren sieghaft-heroischer Ausklang zu der Gedenkrede des stellvertretenden Gauleiters überleitete. «Tief erschüttert», so begann der stellvertretende Gauleiter seine Ansprache, «stehen wir hier an den Särgen der Tilsiter Volksgenossen, die durch den ruchlosen Terrorangriff unserer Feinde aus ihrer Arbeit und aus dem Leben herausgerissen wurden. So, wie sie in der Volksgemeinschaft unseres deutschen Volkes gestanden haben, der Arbeiter neben dem Soldaten, der Beamte neben dem Kaufmann, und die Hausfrau neben ihren Kindern, so ruhen sie nun gemeinsam in diesem Grabe von einem arbeitsreichen Leben aus. Im Auftrage des Gauleiters danke ich euch, ihr Toten, für eure Arbeit und für eure Treue, mit welcher ihr der deutschen Volksgemeinschaft gedient habt. Wir werden uns bemühen, eures Opfers würdig zu sein und uns noch mehr zusammenzuschließen und noch mehr unsere Pflicht zu tun, damit der Endsieg errungen wird. Unsere Feinde, die einen ehrlichen Kampf gegen unsere Soldaten nicht zu führen vermögen, versuchen durch gemeinen Mord gegen Frauen und Kinder in der Heimat die Widerstandskraft unseres Volkes zu zermürben. Sie haben sich jedoch getäuscht, und auch der Bombenangriff auf Tilsit hat gezeigt, daß durch einen solchen Terror unsere Bevölkerung nur noch fester zusammengeschweißt und der Haß gegen die Feinde nur noch größer wird.» Im Zusammenhang damit

136 Am Schloßmühlenteich

dankte der Stellvertretende Gauleiter der Tilsiter Bevölkerung und vor allen Dingen den Hinterbliebenen der Opfer für die heroische Haltung, die sie während des Angriffs und hinterher gezeigt haben. «Den Hinterbliebenen gehört unsere ganze Kameradschaft und Hilfe. Sie stehen in ihrem Schmerz nicht allein, sondern sollen gewiß sein, daß die ganze Volksgemeinschaft mit ihnen und sich verantwortlich für ihr Wohl fühlt. Wir wissen nicht, ob nicht das Schicksal diesen oder jenen aus unserer Volksgemeinschaft noch abberufen wird. Was immer aber an Opfern noch

139 *Blick in die Clausiusstraße*

140 *Am Hohen Tor, Gebäude der Kreissparkasse*

von unserem Volke gefordert werden mag: am Ende steht doch der Sieg über unsere Feinde und die gesicherte Zukunft unseres deutschen Volkes. Die Toten dieses großen Ringens um Sein oder Nichtsein unseres Volkes sollen uns eine Mahnung sein, nicht nachzulassen in den Anstrengungen um die Erringung des Endsieges. Dadurch ehren wir am besten das Opfer, welches sie unserer Volksgemeinschaft gebracht haben. Ihr Andenken aber werden wir immer in dankbarer Erinnerung behalten.»
Unter den Klängen des Liedes vom guten Kameraden senkten sich die Fahnen, hoben sich die Hände und krachten die Ehrensalven der Wehrmacht im Gedenken an die Toten, deren Namen Kreisleiter Schlemminger verlas. Oberbürgermeister Nieckau rief ihnen die letzten Grüße ihrer Vaterstadt zu, und betonte, daß die Stätte, an der sie nun zum ewigen Schlaf gebettet werden, ein Ehrenmal für Tilsit werden soll, würdig dem, auf dem weiter drüben unsere toten Helden ruhen. «Nun entlasse ich euch aus der Volksgemeinschaft und danke euch im Namen des Gauleiters für eure Treue, die ihr im Leben gezeigt habt.» Mit diesen Worten nahm der Stellvertretende Gauleiter einen letzten Abschied von unseren toten Tilsiter Volksgenossen. Leise und verhalten erklang vom Singekreis der NS-Frauenschaft gesungen die tröstende Weise «Nun schweige ein jeder von seinem Leid und noch so großer Not, sind wir nicht alle zum Opfer bereit und zu dem Tod? Eines steht fest in den Himmel gebrannt, alles mag untergehen, Deutschland, du mein Kinder- und Vaterland, Deutschland muß bestehen». Es war eine heilige Verpflichtung für alle, die dieses Heldengrab umstanden, von dem man dann mit den Liedern der Nation Abschied nahm.

(Aus: Memelwacht 27. April 1943)

Zeittafel

1939
- 15. 3. Einmarsch in Böhmen und Mähren. Bildung des Reichsprotektorats.
- 23. 3. Einmarsch deutscher Truppen ins Memelgebiet.
- 31. 3. Großbritannien verspricht Polen Beistandspakt.
- 22. 5. Pakt zwischen Deutschland und Italien.
- 24. 5. Reichsluftschutzschule in Berlin eröffnet.
- 23. 8. Deutsch-sowjetischer Nichtangriffspakt.
- 1. 9. Deutscher Angriff auf Polen.
- 2. 9. Polnische Flugzeuge über der Stadt Königsberg.
- 3. 9. Großbritannien und Frankreich erklären Deutschland den Krieg.
- 5. 9. Göring ruft zum Luftschutz auf.
- 8.11. Mißglücktes Attentat auf Hitler im Münchner Bürgerbräukeller.

1940
- 9. 4. Besetzung von Dänemark und Norwegen.
- 10. 5. Einmarsch deutscher Truppen in Holland, Belgien und Frankreich.
- 10. 5. Churchill wird britischer Premierminister.
- 4. 6. Deutsche Truppen nehmen Dünkirchen ein und machen im Westen insgesamt 1,2 Millionen Kriegsgefangene.
- 10. 6. Italien tritt in den Krieg ein.
- 22. 6. Frankreich schließt Waffenstillstand.
- 13. 8. Beginn der Luftschlacht um England.
- 22. 8. Erster größter britischer Luftangriff auf Berlin.
- 27. 9. Dreimächtepakt Deutschland–Italien–Japan unterzeichnet.
- 14.11. Deutscher Luftangriff auf Coventry.
- 25.11. Arthur T. Harris wird stellvertretender Oberbefehlshaber der britischen Bomberflotte.

1941
- 1. 1. Verordnung über Pflichtdienst in der Hitlerjugend und verschärfte Erfassung der Jugendlichen im Dienste der Landesverteidigung.
- 31. 3. General Rommels «Deutsches Afrikakorps» greift in Nordafrika ein.
- 6. 4. Besetzung Griechenlands und Jugoslawiens.
- 10. 5. Der «Stellvertreter des Führers» Rudolf Hess fliegt nach England.
- 22. 6. Deutscher Angriff auf die Sowjetunion.
- 22. 6. Tilsit: Bombenabwürfe.
- 23. 6. Königsberg: Sowjetische Flugzeuge werfen Bomben auf den Stadtteil Hufen.
- 23. 6. Gumbinnen: Erste Bombenabwürfe.
- 14. 8. Roosevelt und Churchill verkünden die Atlantikcharta mit den Kriegszielen der Alliierten.
- Herbst Königsberg: Sowjetische Bomben auf den Bahnhof Ratshof.
- 17.11. Generalluftzeugmeister Udet begeht Selbstmord.
- 11.12. Deutsch-italienische Kriegserklärung an die USA.

1942
- 1. 1. Alle Skisportveranstaltungen werden abgesagt. Alle Skier sind für die Truppen im Osten abzugeben.
- 20. 1. Wannseekonferenz: Die Nationalsozialisten beschließen die «Endlösung der Judenfrage».
- 5. 2. Reichsjugendführer Axmann proklamiert den verstärkten Kriegseinsatz der Hitlerjugend.
- 22. 2. Marshall Harris übernimmt das volle Kommando über die britische Luftflotte.
- 1. 4. Zigeuner werden den Juden gleichgestellt.
- 27. 5. Insterburg: Sowjetische Bombenabwürfe.
- Juli Sowjetische Bomben auf Memel.
- 22.11. 6. Armee in Stalingrad eingeschlossen.

1943
- 27. 1. Erlaß einer Meldepflichtverordnung: Männer zwischen 16 und 65 und Frauen zwischen 17 und 45 Jahren haben sich bei den Arbeitsämtern zu melden und für Aufgaben der Reichsverteidigung zur Verfügung zu stehen.
- 31. 1. Kapitulation in Stalingrad.
- 11. 2. Einberufung der höheren Schüler ab 15 Jahren als Flakhelfer.
- 18. 2. Goebbels in Berlin: «Wollt ihr den totalen Krieg?»
- Karfreitag Sowjetische Bomben auf das Gut Tharau.
- 14. 4. Eden und Roosevelt vereinbaren, daß Ostpreußen an Polen fallen soll. Roosevelt schlägt die Aussiedlung der Deutschen vor. Die UdSSR hatte ihre Zustimmung bereits am 16. März 1943 erklärt.
- 19. 4. Letzte Todesurteile gegen die Widerstandsgruppe «Weiße Rose».
- 20. 4. Tilsit wird von sowjetischen Flugzeugen bombardiert.
- 13. 5. Kapitulation des Deutschen Afrikakorps. 130000 deutsche Soldaten gehen in die Gefangenschaft.
- 19. 5. Selbstmord des Generalstabschefs der deutschen Luftwaffe Generaloberst Jeschonnek.
- 2. 9. Konzentration der Kriegswirtschaft im Reichsministerium für Rüstung und Kriegsproduktion unter Speer.
- 8. 9. Eisenhower verkündet den italienisch-alliierten Waffenstillstand.
- 3.10. Himmler in Posen: «Ob die anderen Völker im Wohlstand leben oder ob sie verrecken vor Hunger, das interessiert mich nur soweit, als wir sie als Sklaven für uns brauchen, anders interessiert mich das nicht.»
- 3.11. Größte Massenhinrichtung in den Konzentrationslagern im Raum Lublin 42 000 Tote.
- 28.11. Beginn der Konferenz von Teheran.

1944

16. 2. Aufruf an die deutschen Pensionäre zum «freiwilligen Ehrendienst in der deutschen Kriegswirtschaft».
12. 4. Sowjetische Bomben auf Insterburg.
18. 4. Deutsche Luftangriffe auf London.
19. 4. Goebbels: «Man wird zehn Jahre nach Friedensschluß in deutschen Städten vermutlich kaum noch ein Überbleibsel der Zerstörung entdecken können, die der feindliche Luftterror in ihnen angerichtet hat.»
30. 5. Martin Bormann verbietet das Einschreiten der lokalen Polizeibehörden oder der Wehrmacht gegen die Lynchjustiz an Besatzungen abgeschossener alliierter Bomber.
4. 6. Einmarsch der Alliierten in Rom.
6. 6. Beginn der alliierten Invasion in der Normandie.
10. 6. Deutsche vernichten das südfranzösische Dorf Oradour sur Glane samt seiner Bevölkerung.
13. 6. Beginn der Beschießung Londons durch die V 1.
20. 7. Vergebliches Attentat auf Hitler im ostpreußischen Führerhauptquartier.
24. 7. Bombenangriff auf Tilsit.
25. 7. Erneuter Angriff auf Tilsit.
26./27. 7. Angriff auf Tilsit.
28. 7. Englische Flugzeuge bombardieren Insterburg.
29. 7. Bomben auf Memel.
1. 8. Aufstand der polnischen Untergrundbewegung in Warschau. Hitler: Stadt dem Erdboden gleichmachen und Bevölkerung liquidieren.
2. 8. Alle Reichsmeisterschaften im Sport werden eingestellt.
5. 8. Englischer Luftangriff auf Insterburg.
10. 8. Schließung aller deutschen Theater.
20. 8. Luftangriff auf Gumbinnen.
21. 8. Luftangriff auf Gumbinnen.
23. 8. Tilsit wird bombardiert.
24. 8. Die deutsche Luftwaffe bombardiert Bukarest.
25. 8. Erneuter Luftangriff auf Gumbinnen.
Paris ergibt sich den Amerikanern.
26./27. 8. Englische Flieger bombardieren Königsberg.
27. 8. Bomben auf Tilsit.
29./30. 8. Zweiter großer Luftangriff auf Königsberg.
31. 8. Luftangriff auf Tilsit.
Deutsche U-Boote versenken 18 alliierte Handelsschiffe.
4. 9. Weitgehende Einschränkung des Personenzugverkehrs.
25. 9. Bildung des Deutschen Volkssturms. Alle «waffenfähigen Männer von 16 bis 60 Jahren» werden dienstverpflichtet.
6.10. Luftangriff auf Memel.
8.10. Alliierte Verbände erreichen die deutsche Westgrenze und beginnen mit der Beschießung Aachens.
15.10. Englischer Luftangriff auf Tilsit.
16.10. Sowjetische Truppen dringen in Ostpreußen ein. Sowjetische Flugzeuge bombardieren Gumbinnen.
21.10. Sowjetische Massaker an der Zivilbevölkerung im ostpreußischen Nemmersdorf.
Die Amerikaner in Aachen.
20.11. Hitler verläßt sein Hauptquartier, die Wolfsschanze in Ostpreußen.
4.12. Aufruf zur «Wehrhilfe der deutschen Frauen».
15.12. Churchill erklärt vor dem britischen Unterhaus, daß er die Aussiedlung der Deutschen aus den Ostgebieten billigt.
16.12. Beginn der Ardennenoffensive, letzter Großangriff der deutschen Truppen.
21.12. Allenstein wird bombardiert.

1945

19./20. 1. Erneut Bomben auf Allenstein.
20. 1. Nördlich von Beuthen dringen sowjetische Truppen in Oberschlesien ein. Bombardierung Insterburgs.
22. 1. Osterode, Hohenstein und Allenstein gehen verloren.
23. 1. Beginn der großen Räumungstransporte für die ostpreußische Bevölkerung.
26. 1. Sowjetische Artillerie beginnt mit der Beschießung von Königsberg.
28. 1. General Lasch wird Festungskommandant von Königsberg.
30. 1. Untergang der «Wilhelm Gustloff» mit fast 6000 Flüchtlingen.
31. 1. Die Sowjets erobern Heilsberg und Friedland.
2. 2. Das Warnsignal «Luft-Landealarm» wird eingeführt.
4. 2. Beginn der Konferenz von Jalta. Die Alliierten beschließen die Aufteilung Deutschlands in Besatzungszonen.
5. 2. Schwerer sowjetischer Luftangriff auf Braunsberg.
9. 2. Erneuter Luftangriff auf Braunsberg.
14. 2. Dresden wird bombardiert.
15. 2. Sowjetische Luftangriffe auf Braunsberg.
27. 2. Der «Reichskommissar See» beginnt mit der Evakuierung der Bevölkerung von Königsberg.
5. 3. In Deutschland sind zehn Millionen Menschen auf der Flucht. Der Jahrgang 1929 wird zur Wehrmacht einberufen.
7. 3. Letzter schwerer Luftangriff auf Braunsberg.
20. 3. Die Sowjets erobern Braunsberg.
23. 3. Zoppot wird erobert. Britische Truppen überqueren den Rhein.
25. 3. Sowjetische Truppen dringen in Danzig ein.
9. 4. Königsberg kapituliert.
19. 4. Die Rote Armee besetzt Leipzig.
30. 4. Hitler begeht Selbstmord.
9. 5. Die bedingungslose Kapitulation Deutschlands tritt in Kraft.

Literaturverzeichnis

Bamm, Peter: Die unsichtbare Flagge, München 1952

Benkmann, Horst-Günter: Königsberg (Pr.) und seine Post, München 1980

Boetticher, Adolf: Die Bau- und Kunstdenkmäler in Königsberg, Frankfurt 1983

Boldt, Paul: Dorfchronik von Tharau/Ostpr., Dortmund 1982

700 Jahre Stadt Braunsberg Hrsg.: Stadt Münster, Münster 1984

Brix, Fritz: Tilsit-Ragnit, Stadt und Landkreis, Würzburg 1971

Bundesminister für Vertriebene, Flüchtlinge und Kriegsgeschädigte (Hrsg.). Dokumente deutscher Kriegsschäden, Bonn 1958

Bundesministerium für gesamtdeutsche Fragen (Hrsg.). Die Verluste der öffentlichen Kunstsammlungen in Mittel- und Ostdeutschland, Bonn 1954

Caidin, Martin: Black Thursday, New York 1960

Czesany, Maximilian: Nie wieder Krieg gegen die Zivilbevölkerung. Eine völkerrechtliche Untersuchung 1939-1945, Graz 1964

Dahms, Hellmut Günther: Die Geschichte des 2. Weltkriegs, München 1983

Dehio/Gall: Handbuch der Deutschen Kunstdenkmäler: Deutschordensland Preußen, München 1952

Dieckert-Grossmann: Der Kampf um Ostpreußen, München 1960

Federau/Matern (Hrsg.): Braunsberg und Umgebung, Lippstadt 1983

Frankland, N.: The bombing offensive against Germany, London 1965

Freeman, Roger: The US strategic bomber, London 1975

Funk, A.: Geschichte der Stadt Allenstein, o. A.

Gause, Fritz: Königsberg so wie es war, Düsseldorf 1977

Gause, Fritz: Geschichte der Stadt Königsberg, Köln 1971

Gebauer, Otto: Gumbinnen, Stadt-Kreis-Regierungsbezirk, Leer 1958

Geschichte des Zweiten Weltkrieges 1939 bis 1945 (12 Bände), Ostberlin 1978

Girbig, Werner: ...im Angriff auf die Reichshauptstadt, Stuttgart 1970

Görlitz, Walter: Die Junker, Glücksburg 1956

Gräff, Siegfried: Tod im Luftkrieg, Hamburg 1955

Greiner, H./Schramm, P. E.: Kriegstagebuch des Oberkommandos der Wehrmacht, Frankfurt/Main 1961

Grenz, Rudolf: Stadt und Kreis Gumbinnen, Marburg 1971

Groehler, Olaf: Geschichte des Luftkrieges (1910-1970), Berlin/DDR 1975

Guptil, Marilla B.: Records of the US Strategic Bombing Survey, Washington 1975

Guttzeit, E. J. (Hrsg.): Der redliche Ostpreuße – ein Kalenderbuch für 1984, Leer 1984

Hampe, Erich: Der zivile Luftschutz im 2. Weltkrieg, Frankfurt 1963
Hassel von, Ulrich: Vom anderen Deutschland, Zürich/Freiburg 1946
Hastings, Max: Bomber command, New York 1979
Hausenstein, Wilhelm: Licht unter dem Horizont, Tagebücher 1942-1946, München 1967
Die deutschen Heimatmuseen. Ein Führer zu mehr als 900 Museen und Sammlungen in der Bundesrepublik Deutschland und West-Berlin. Hrsg. Haefs, Hanswilhelm. Mit einem Sonderbeitrag von Carsten Sternberg «Überlegungen zum deutschen Heimatmuseum, dargestellt am Kempener Kramer-Museum». Frankfurt 1984
Heise, Wilhelm: Ein Maler fotografiert in Ostpreußen. Herausgegeben von Andreas Heise. Mit Beiträgen von J. A. Schmoll, genannt Eisenwerth und Doris Schmidt, Zürich 1982
Hermanowski, Georg: Ostpreußen Wegweiser, Mannheim 1983
Holmsten, Georg: Kriegsalltag 1939-1945 in Deutschland, Düsseldorf 1982
Hümmeler, Hans: Die Glocken von Braunsberg, Siegburg 1964
Hubatsch, Walther: Geschichte der evangelischen Kirche Ostpreußens, Göttingen 1968
Irving, David J.: Und Deutschlands Städte starben nicht, Zürich 1963
Jackson, R.: Storm from the skies, London 1974
Janis, Irving L.: Air war and emotional stress Psychological studies of bombing and civilian defense, Westport 1976
Joost/Köhler: Altes und Neues aus Tilsit, Kiel 1983
Kirrinnis, Herbert: Geschichte der Friedrichsschule zu Gumbinnen, Würzburg 1963
Klöss, Erhard: Der Luftkrieg über Deutschland 1939-1945, München 1963
Koch, H. A.: Flak. Die Geschichte der deutschen Flak 1939-1945, Bad Nauheim 1954
Koehler, Karl: Bibliographie zur Luftkriegsgeschichte, Frankfurt 1966
Königsberger Allgemeine Zeitung 1875-1975, Festschrift, Frankfurt 1975
Kriegstagebuch des Oberkommandos der Wehrmacht, Frankfurt/Main 1963
Krüger, Horst: Tiefer deutscher Traum. Reisen in die Vergangenheit, Hamburg 1969
Krüger, Wolfgang: Die deutschen Heimatmuseen, Frankfurt/Main 1984
Kurowski, Franz: Der Luftkrieg über Deutschland, Düsseldorf 1977
Lasch, Otto: So fiel Königsberg, München 1958
Lauks, Hildegard: Tilsit Bibliographie, Lüneburg 1983
Lee, Asher: Goering. Airleader, London 1972
Lorck von, Carl E. L.: Landschlösser – Ost- und Westpreußen, Frankfurt 1972
Lossmann, Maria: Braniewo, Olsztyn 1973
Mac Isaac, David: Strategic Bombing in World War Two, New York 1976
Institut für Marxismus-Leninismus beim Zentralkomitee der Kommunistischen Partei der Sowjetunion (Hrsg.). Geschichte des großen vaterländischen Krieges der Sowjetunion in sechs Bänden, Ost-Berlin 1967
Matull, Wilhelm: Liebes altes Königsberg, Leer 1967
Mende, Erich: Das verdammte Gewissen, München 1982
Middlebrock, Martin: Die Nacht in der die Bomber starben, Stuttgart 1975
Milte, Hans: Freiwillige Feuerwehr in Ostpreußen, Heidelberg 1975
Morrison, Wilbur H.: Point of no return. The story of the 20. Air Force., New York 1979
Mrotzek, Horst: Nur noch einen Sommer lang, Leer 1982
Mühlpford, Herbert Meinhard: Königsberger Skulpturen und ihre Meister, Würzburg 1970
Nalty, B. C.: The men who bombed the Reich, New York 1978
Neumeyer, Heinz: Kirchengeschichte von Danzig und Westpreußen in evangelischer Sicht, Leer 1977
Nicolaisen, Hans Dietrich: Die Flakhelfer, Berlin 1981
Nossack, H. E.: Der Untergang, Frankfurt 1976
Overesch, Manfred: Chronik deutscher Zeitgeschichte, Droste Geschichtskalendarium. Das Dritte Reich, Düsseldorf 1939-1945
Piekalkiewicz, J.: Luftkrieg 1939-1945, München 1978
Place, G.: Les bombardements alliés de 1944 dans le Centre, Haine-Saint-Pierre 1978
Stiftung Pommern, Katalog der Gemälde, Kiel 1982
Prentl, Sepp: Flak-Kampfgruppe Prentl, München 1978
Preuss/Siebert: Memelländisches Bilderbuch, Höxter 1977
Price, Alfred: Bildbuch der deutschen Luftwaffe, 1933-1945, Hamburg 1969
Price, Alfred: Blitz über England, Stuttgart 1978
Price, Alfred: Luftschlacht über England, Stuttgart 1975
Rasp, Hans-Peter: Eine Stadt für 1000 Jahre, München 1981
Reifferscheid, Gerhard: Das Bistum Ermland und das Dritte Reich, Köln 1975
Reilly, Robin: The sixth floor, London 1969
Reinoß, Herbert: Letzte Tage in Ostpreußen, München 1983
Rumpf, Hans: Das war der Bombenkrieg, Oldenburg 1961
Schätz, Ludwig: Schüler Soldaten. Die Geschichte der Luftwaffenhelfer im 2. Weltkrieg, Frankfurt 1972
Soltikow von, Michael: Nie war die Nacht so hell, Wörishofen 1953
Tautorat, Hans-Georg: Ostpreußen, Landschaft, Leistung, Schicksal, Düsseldorf 1981
Treidel, Frida: Königsberg war ein Flammenmeer, Ostpreußen Blatt 29. 8. 1964
Tunley, Raoul: Ordeal by fire, Cleveland 1966
Ulbrich, Anton: Kunstgeschichte Ostpreußens, München 1932
Ullrich, Hermann: Das Schicksal der Bau- und Kunstdenkmäler in den Ostgebieten des Deutschen Reiches und im Gebiet von Danzig, Berlin 1963
Verrier, A.: Bombenoffensive gegen Deutschland 1939–1945, Frankfurt 1970
Wermke, Ernst: Bibliographie der Geschichte von Ost- und Westpreußen 1939 bis 1970, Bonn 1974
Wermter, Ernst Manfred: Geschichte der Diözese und des Hochstifts Ermland, Münster 1977
Zijlstra, Gerrit: Diary of an air war, New York 1977

In der Reihe «Fotografierte Zeitgeschichte» sind bereits erschienen:

Eva Berthold/Norbert Matern
München im Bombenkrieg
120 Seiten mit 70 Abbildungen, celloph. Einband

Heinz Boberach
Jugend unter Hitler
176 Seiten mit 175 Abbildungen, celloph. Einband

Robert Fritzsch
Nürnberg unterm Hakenkreuz
Im Dritten Reich 1933–1939
112 Seiten mit 99 Abbildungen, celloph. Einband

Robert Fritzsch
Nürnberg im Krieg
Im Dritten Reich 1939–1945
112 Seiten mit 99 Abbildungen, celloph. Einband

Günther B. Ginzel
Jüdischer Alltag in Deutschland 1933–1945
252 Seiten mit 270 Abbildungen, celloph. Einband

Volker Hentschel
So kam Hitler
Schicksalsjahre 1932–1933
Eine Bild/Text-Reportage
180 Seiten mit 180 Abbildungen, celloph. Einband

Hans Hoffmann
Aachens Dom im Feuersturm
Die tausend Kriegsnächte der Mädchen und Jungen der Domwache 1941–1945
124 Seiten mit 113 Abbildungen, celloph. Einband

Hans Hoffmann
Aachen in Trümmern
Die alte Kaiserstadt im Bombenhagel und danach
116 Seiten mit 120 Abbildungen, celloph. Einband

Georg Holmsten
Deutschland Juli 1944
Soldaten, Zivilisten, Widerstandskämpfer
160 Seiten mit 153 Abbildungen, celloph. Einband

Georg Holmsten
Kriegsalltag
1939–1945 in Deutschland
128 Seiten mit 97 Abbildungen, celloph. Einband

Rolf Italiaander (Hrsg.)
Wir erlebten das Ende der Weimarer Republik
Zeitgenossen berichten
240 Seiten mit 219 Abbildungen, celloph. Einband

Rolf Italiaander/Arnold Bauer/Herbert Kraft
Berlins Stunde Null 1945
2. Auflage. 176 Seiten mit 170 Abbildungen, celloph. Einband

Gerhard Kiersch/Rainer Klaus/Wolfgang Kramer/Elisabeth Reichardt-Kiersch
Berliner Alltag im Dritten Reich
180 Seiten mit 250 Abbildungen, celloph. Einband

Hans G. Kösters
Essen Stunde Null
Die letzten Tage März/April 1945
120 Seiten mit 177 Abbildungen, celloph. Einband

Hans-Georg Kraume
Duisburg im Krieg
120 Seiten mit 117 Abbildungen, celloph. Einband

Heinz Leiwig
Finale 1945 Rhein-Main
124 Seiten mit 129 Abbildungen, celloph. Einband

H. G. Martin
Deutschlands Fußball macht Karriere
Vereine, Spieler, Trainer, Tore seit 1945
120 Seiten mit 157 Abbildungen, celloph. Einband

Heinz-Jürgen Priamus
Die Ruinenkinder
Im Ruhrgebiet 1945–1949
128 Seiten mit 119 Abbildungen, celloph. Einband

Klaus-Jörg Ruhl
Die Besatzer und die Deutschen
Amerikanische Zone 1945–1948
200 Seiten mit 169 Abbildungen, celloph. Einband

Klaus-Jörg Ruhl
Brauner Alltag
1933–1939 in Deutschland
168 Seiten mit 137 Abbildungen, celloph. Einband

Eric Taylor
1000 Bomber auf Köln
Operation Millenium 1942
2. Auflage. 180 Seiten mit 200 Abbildungen, Peyvit

Eric Taylor/Willy Niessen
Frontstadt Köln
Endkampf 1945 an Rhein und Ruhr
152 Seiten mit 160 Abbildungen, celloph. Einband

Jochen Thies/Kurt van Daak
Südwestdeutschland Stunde Null
Die Geschichte der französischen Besatzungszone 1945–1948
152 Seiten mit 173 Abbildungen, Peyvit

Wolfgang Trees/Charles Whiting/Thomas Omansen
Drei Jahre nach Null
Geschichte der britischen Besatzungszone 1945–1948
2. Auflage. 224 Seiten mit 301 Abbildungen, Linson

Norbert Westenrieder
„Deutsche Frauen und Mädchen!"
Vom Alltagsleben 1933–1945
140 Seiten mit 119 Abbildungen, celloph. Einband

Charles Whiting
Norddeutschland Stunde Null
180 Seiten mit 163 Abbildungen, Peyvit

Charles Whiting/Friedrich Gehendges
Jener September
Europa beim Kriegsausbruch 1939
148 Seiten mit 166 Abbildungen, Peyvit

Droste Verlag